UN MONDE PERDU ET RETROUVÉ

LES CITÉS MAYAS

UN MONDE PERDU ET RETROUVÉ

LES CITÉS MAYAS

FREDERICK CATHERWOOD

PRÉFACE
Charles Minguet et Jean-Paul Duviols

TEXTES
Pascal Mongne
Philippe Babo

Avertissement

De retour de leur second voyage en Amérique Centrale,
Frederick Catherwood et John Lloyd Stephens conçurent le projet
d'un grand ouvrage sur les «antiquités américaines» réunissant les contributions
d'auteurs prestigieux (Humboldt, Prescott, Wilkinson)
et illustré de plus de cent gravures. L'ouvrage, hélas, ne vit jamais le jour.
Catherwood, cependant, fit paraître seul à Londres, en 1844, ses fameuses
Views of Ancient Monuments of Central America, Chiapas and Yucatan,
un album de vingt-cinq lithographies de format grand in-folio[1],
qui reste à ce jour le plus magnifique hommage qui ait jamais été rendu
à la civilisation maya. L'ouvrage fut publié à compte d'auteur,
en un millier d'exemplaires environ, et sur ce nombre,
seulement trois cents étaient coloriés.
Quasi introuvable dans les bibliothèques publiques,
cet ouvrage légendaire ne fait que de rarissimes apparitions
dans les grandes salles de vente internationales
(la valeur d'un exemplaire colorié est aujourd'hui estimé à 60 000 $).
Ajoutons que les *Views* n'ont été rééditées qu'à deux reprises,
en 1965, aux États-Unis, et plus récemment, au Mexique.
La présente édition – une première en Europe – doit être marquée
d'une pierre blanche.

Philippe Babo
Mars 1993

1. avec une introduction et des légendes rédigées par Catherwood lui-même. Nous n'avons pas jugé utile de les reprendre ici, dans la mesure où ces textes ne constituent qu'un résumé des thèses émises par Stephens dans ses *Incidents of Travel*, auxquels nous renvoyons le lecteur. (*Aventures de voyage en pays maya*, traduction française par Ph. Babo, préface de Cl. Baudez, éd. Pygmalion, G. Watelet/Unesco, 1991-93, avec 79 dessins de Catherwood.)

Couverture
Tulum. Le Castillo

4e de couverture
Copán. Stèle D et son autel

Dépôt légal : 1993

Le « panneau ovale ». Gravure d'après un dessin de Waldeck représentant un relief en stuc à Palenque.
Brasseur de Bourbourg, *Recherches sur les ruines de Palenque et sur les origines de la civilisation maya,* Paris, 1866.

Sommaire

IMPLANTATION
DES SITES MAYAS

SITES VISITÉS
PAR F. CATHERWOOD

AUTRES SITES MAYAS

GOLFE
DU
MEXIQUE
Daibilchaltun
Izamal
Mérida
(Tihoo)
Valladolid
Mayapán
Coba
Uxmal
Chichén-Itzá
Jaina
Bolonchen
Kabah
Sayil
Labna
Tulum
YUCATÁN
Becan
Xpujil
Rio Bec
Santa
Rita
Calakmul
Altan Ha
MEXIQUE
CHIAPAS
Mirador
Uaxactun
San Jose
Palenque
Hosmul
Piedras
Negras
PETÉN
BELIZE
MER DES
CARAÏBES
Tonina
Tikal
Yaxchilan
Altar de
Sacrificios
Chiapa de
Corzo
Bonampak
Seibal
Lubaantun
Nebaj
GUATEMALA
Izapa
Zaculeu
Quirigua
AT
Iximché
Copán
HONDURAS
OCEAN
PACIFIQUE
Kaminaljuyu
El Baul
SALVADOR

Vue en perspective de la porte en style moresque à Palenque.
Gravure d'après un dessin de Waldeck.
Brasseur de Bourbourg, *Recherches sur les ruines de Palenque et sur les origines de la civilisation maya*, Paris, 1866.

Étapes d'une découverte

par Jean-Paul Duviols et Charles Minguet

Navires espagnols.
Rencontre d'un cacique (Tlillancalqui) avec Hernán Cortés et doña Marina.
Peinture illustrant l'ouvrage de Diego Durán, *Historia de las Indias de Nueva España.* 1579, Bibliothèque Nationale, Madrid.

Enfouis, mais non protégés, dans la forêt exubérante des terres chaudes du Yucatán et du Guatemala, les innombrables vestiges architecturaux des cités-états des Mayas sont restés dans l'oubli pendant des siècles. Ces métropoles, jadis si florissantes et abandonnées bien avant l'arrivée des Espagnols, envahies de lianes, attendaient d'être redécouvertes. Cependant, les racines des arbres géants bousculaient, déplaçaient, enlaçaient et brisaient les stèles finement sculptées, dressées tous les vingt ans[1] par les artistes les plus raffinés du continent américain. Des temples somptueux, des pyramides étagées et surmontées de curieuses dentelles de pierre, s'effritaient et disparaissaient sous la végétation dévorante.

Les premiers conquérants espagnols : Hernández de Córdoba (1517) Juan de Grijalva (1518), Hernán Cortés (1524-1525), Francisco de Montejo (1527), puis Montejo le Jeune (1540), avaient remarqué l'importance de ces vestiges architecturaux, au cours des longs et durs combats livrés pour réduire la résistance des peuplades mayas-quichés du Yucatán. Celles-ci étaient les faibles vestiges de prestigieux ancêtres, les Mayas. Ces Mayas avaient édifié, entre l'an 320 et l'an 909 de notre ère, ces majestueux ensembles monumentaux qui s'étendent sur toute la péninsule yucatèque, jusqu'aux forêts du Guatemala et du Honduras, depuis Chichén Itzá et Uxmal au nord, jusqu'à Bonampak ou, encore plus au sud, Copán.

1. Cycle du calendrier magique maya. 1 katun = 20 ans, 13 katuns = 1 cycle.

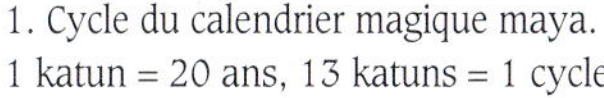

Page du Codex maya
Tro Cortesianus.
Brasseur de Bourbourg,
Manuscrit Troano,
études sur le système graphique et la langue des Mayas,
Paris, 1869.

La conquête achevée en 1542, année où Montejo le Jeune crée Mérida (capitale de la province du Yucatán) sur les ruines de l'ancienne ville maya de Tihoo (ou T'ho), commence alors la troisième étape de l'agonie de la culture maya. C'est un moine franciscain, Diego de Landa (1524-1579 ?), arrivé au Yucatán en 1549, et animé d'un zèle évangélique inquisitorial, qui va être à la fois l'observateur attentif, fidèle et émerveillé de la culture des Mayas et son destructeur impitoyable. Dans son désir de convertir rapidement au christianisme les indigènes «pacifiés» par les armes espagnoles et d'éliminer les scories du paganisme et de l'idolâtrie, Landa, en sa qualité de provincial[2] de son ordre (depuis 1561), va faire disparaître la plus grande partie des documents (objets d'art et manuscrits), témoins et signes de la culture maya.

Après la découverte fortuite d'une cache où les prêtres et caciques indiens avaient sauvegardé un grand nombre de ces objets, Landa organise à Mani, lieu même où ceux-ci ont été saisis, un gigantesque autodafé, le 12 juillet 1562. Après avoir soumis à l'humiliation publique et à la torture les caciques et gouverneurs indiens soupçonnés de pratiquer encore la religion de leurs pères, Landa ordonne de détruire et de brûler (selon les estimations de Justo Sierra) : 5 000 «idoles» (statues et statuettes représentant soit des dieux mayas soit des types humains), 13 grandes pierres sculptées utilisées comme autels, 22 autres pierres sculptées de moindre volume, 27 rouleaux de manuscrits hiéroglyphiques, 197 vases cérémoniels ou autres, de toutes tailles...

2. Provincial : supérieur qui a le gouvernement de toutes les maisons de son ordre dans une province. «Le provincial jésuite (au Paraguay), assisté de son conseil, rédigeait les lois.»

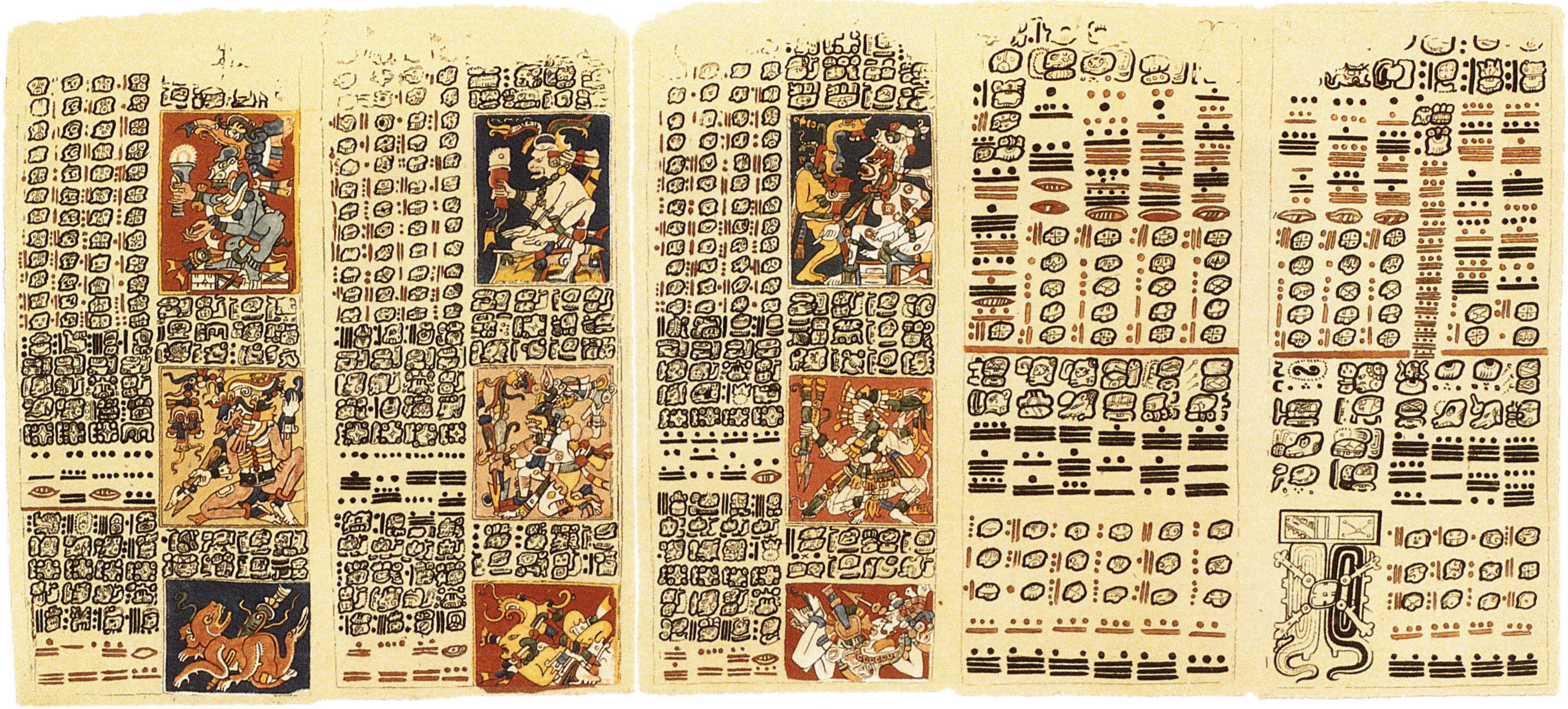

Page du Codex de Dresde reproduit
dans l'ouvrage
d'Alexandre de Humboldt
Vues des cordillières et monuments des peuples indigènes de l'Amérique.
Paris 1810.

Dessin de Waldeck d'un encensoir en céramique. Reproduit en fronstispice de l'édition de Brasseur de Bourbourg du *Popol Vuh* et dans *Recherches sur les ruines de Palenque et sur les origines de la civilisation maya*. Il s'agit du dieu de la pluie Tlaloc (Chac Mool chez les Mayas) dont les yeux et le nez ont été «européanisés».

«Nous trouvâmes, écrit Landa, un grand nombre de livres écrits dans leur alphabet et comme leur contenu n'était que superstitions et mensonges diaboliques, nous les brulâmes tous, ce qui leur causa (aux Indiens) grand regret et grande tristesse.»[3]

Ce crime abominable n'a pas nui à la carrière de son auteur, puisqu'il a été nommé en 1573 évêque de Mérida où il est mort six ans plus tard en odeur de sainteté, selon la formule consacrée. Mais voilà que, vers l'an 1566, suppose-t-on, Diego de Landa entreprend la rédaction d'un texte, *Relation des choses du Yucatán,* qui constitue la source documentaire fondamentale sur l'ancienne culture maya et transforme cet implacable extirpateur d'idolâtrie en ethnologue irremplaçable.

Le manuscrit de Landa est longtemps resté inédit, comme c'est le cas de maints écrits «américains» de l'époque. Ce n'est qu'en 1861 que l'abbé français Etienne Charles Brasseur de Bourbourg (1818-1874)[4], après l'avoir découvert à Madrid, le publie en édition bilingue. Dans sa *Relation des choses du Yucatán*, Landa énumère les ruines architecturales de plusieurs cités (Izamal, Tihoo, Chichén Itzá) qu'il décrit dans le chapitre consacré à la «Multitude des Édifices du Yucatán». Il affirme avec raison que cette province de l'Empire devrait être aussi célèbre dans le Nouveau Monde pour le nombre et la beauté de ses édifices que le sont le

3. Aujourd'hui on ne connaît que trois manuscrits ou Codex mayas : le *Codex de Dresde* découvert à Vienne en 1739, le Codex de Madrid appelé *Tro-cortesianus* et le Codex de Paris appelé *Codex Peresianus* découvert par hasard à la Bibliothèque Nationale dans une caisse de livres oubliés (1860) .

4. Brasseur de Bourbourg qui a fait plusieurs séjours en Amérique Centrale entre 1854 et 1870, découvrit et publia également des documents méso-américains de très grande importance. Le *Codex Chimalpopoca*, les *Annales des Cakchiqueles* et surtout le *Popol Vuh* . Rédigé en langue quiché et en caractères latins par un indien lettré, Diego Reynoso, le manuscrit du *Popol Vuh* est découvert à la fin du XVIIe siècle par le père Francisco Ximénez à Saint Tomas de Chichicastenango.

Pérou et la Nouvelle Espagne pour leur or, leur argent et autres richesses, «...car ils sont si nombreux et on les trouve en tant d'endroits et ils sont si bien construits en pierre de taille que cela en est stupéfiant».

Le temps passa, l'oubli s'installa, jusqu'au jour où un autre religieux, le père Solís, envoyé en 1746 par son évêque à Santo Domingo de Palenque, ébloui par la splendeur des ruines, les révéla aux autorités coloniales. Quelques années plus tard, le gouverneur de la province dépêche sur les lieux le commissaire José Antonio Calderón qui lui fait parvenir un recensement impressionnant, puis il envoie l'architecte Antonio Bernasconi (1785). Celui-ci mort peu après, est remplacé par Antonio del Río, qui arrive à Palenque le 3 mai 1787 et qui remet son rapport au gouverneur et commandant général du royaume de Guatemala le 24 juin de la même année. Del Río a mesuré, dressé des plans et des relevés, mais aussi prélevé des échantillons et de ce fait détérioré en partie le site. Faut-il redire ici que l'archéologie devait souffrir, surtout à ses débuts, de la quête de pièces spectaculaires, détachées sans précautions pour satisfaire la convoitise des collectionneurs ou pour enrichir les musées. Force est de constater que les dégâts commis par les premiers découvreurs ont été plus dommageables aux vestiges archéologiques que les méfaits du temps et des phénomènes naturels. Il serait cependant injuste d'accabler del Río dont le rôle ne fut pas seulement négatif. En effet, grâce à lui, l'existence d'un nouvel univers archéologique était enfin révélée.

Les dessins qui ornent son rapport, publié à Londres en anglais sous le titre *Description of the ruins of an ancient city discovered near Palenque* (1822), étaient l'œuvre de l'architecte Ricardo Almendariz et ils avaient été lithographiés par le comte de Waldeck. Ils accentuent les correspondances supposées entre l'art maya, non encore défini en tant que tel, et l'art classique ou égyptien. Le roi Charles IV d'Espagne devait continuer la politique de recherches archéologiques commencée par son père ; c'est ainsi qu'en 1805, Palenque et ses ruines sont visitées par le capitaine Guillermo Dupaix, militaire d'origine luxembourgeoise au service de l'Espagne.

Assisté du dessinateur Luciano Castañeda, il accomplit un remarquable voyage archéologique dont les résultats ne seront publiés à Paris qu'en 1834-1836. Les 176 planches qui ornent les deux volumes de ses *Antiquités mexicaines*, (accompagnées de travaux de A. Lenoir, Baradère, Farcy et Saint Priest), sont certes, quelque peu embellies dans la tradition néo-classique, mais elles restent les plus anciennes relatives à l'architecture maya. Et c'est précisément sur ce point que le récit de Dupaix est important : c'est le premier à attribuer aux mayas la paternité d'une civilisation originale pouvant rivaliser avec celles de l'Ancien Monde.

Après Dupaix, en 1831, le colonel Juan Galindo allait transmettre à la Société de Géographie de Paris ses observations sur Palenque et Copán. Il confirme et démontre par le dessin la similitude des traits physiques et des vêtements des personnages antiques avec ceux des indigènes contemporains.

Le comte de Waldeck (1766-1875), né à Prague, et qui avait collaboré à l'ouvrage de del Río, fasciné par ce monde entrevu grâce à des images qu'il estimait être approximatives, décide d'aller observer et dessiner sur

place les antiquités mexicaines. En 1825, il s'installe à Palenque, puis à Mayápan, à Tonina et enfin à Uxmal. Ses lithographies illustreront plus tard, en 1866, le célèbre ouvrage de Brasseur de Bourbourg : *Monuments anciens du Mexique, Palenque et autres ruines*... En 1838, Waldeck publie son *Voyage pittoresque et archéologique dans la province du Yucatán* (Paris). Les images qu'il propose sont des «interprétations» originales, fruit d'un préjugé tenace qui déforme son regard et influence son crayon. Pour lui, comme pour Brasseur de Bourbourg, le souvenir et la permanence des civilisations mères (gréco-romaines et égyptiennes) étaient à démontrer et par conséquent à montrer. Aussi ne pouvait-il pas s'empêcher de modifier en ce sens une réalité objective qu'il avait pourtant observée sur le terrain durant de longues années.

En 1836, un jeune avocat nord-américain, né dans le New Jersey, John Lloyd Stephens (1805-1852), déjà célèbre, fait la connaissance d'un artiste anglais, Frederick Catherwood et lui fait part de ce qu'il sait sur la civilisation maya. Catherwood, doté d'une connaissance très approfondie de l'art, de la sculpture et de l'architecture classiques, revenait des lieux où l'on mettait à jour leurs splendeurs : Grèce, Égypte ptolémaïque, Moyen-Orient (Pétra, Baalbek, Mont Sinaï, etc.). Il en avait rapporté des dessins d'une beauté et d'une précision exceptionnelles. L'œil de Catherwood se refusait à ajouter à la pureté linéaire du dessin une interprétation tendancieuse ou fantaisiste selon le goût du romantisme qui dominait alors, non seulement les arts plastiques, mais bon nombre de manifestations de la vie intellectuelle et sociale.

Pour mieux comprendre l'intérêt et la singularité du projet de Stephens, on doit rappeler qu'en ce début du XIXe siècle, le monde cultivé ne croyait pas en l'existence de civilisations avancées dans le Nouveau Continent, avant sa découverte. Les trouvailles faites en Égypte après la campagne de Bonaparte (1799) et d'autres, comme la mise au jour des ruines de Ninive, avaient fixé l'attention des savants sur les pays du bassin méditerranéen. Par ailleurs, une grande partie des anthropologues du moment (surtout anglo-saxons), considéraient les cultures américaines pré-colombiennes comme fort imparfaites en comparaison avec les cultures classiques de l'Ancien Monde.

Ni les jugements positifs de Humboldt, ni les travaux de Baradère, d'Aubin ou de Waldeck ne parvenaient à persuader le monde savant de la réalité des magnifiques civilisations américaines autochtones. Les nations indigènes méso et centro-américaines d'avant Colomb étaient cataloguées comme «semi-civilisées»; l'anthropologue américain Albert Gallatin publie en 1845 un travail qu'il intitule *Notes sur les nations semi-civilisées du Mexique, du Yucatán et de l'Amérique Centrale*.

Cette tendance à juger négativement ces nations a de solides racines dans les siècles précédents, notamment au XVIIIe, avec les élucubrations de Cornélius de Pauw, *Recherches philosophiques sur les Américains,* (1770) et surtout les affirmations erronées de l'historien écossais William Robertson, dont l'*Histoire d'Amérique*, publiée à Londres en 1770 a connu de nombreuses éditions et traductions, surtout en français. Robertson qui a été pourtant l'un des premiers européens, après Voltaire, à consulter et à exploiter les documents d'archives pour écrire son histoire d'Amérique, nie l'existence d'une civilisation avancée.

«La chaleur de l'imagination des conquistadores espagnols, écrit-il, a donné lieu à un amas de fictions

PAGE DE GAUCHE
«Vue pittoresque du Palais prise de ma cabane.
Cette vue d'une fidélité daguerrienne montre l'état
où j'ai laissé les ruines en 1835» Waldeck.
Gravure, Brasseur de Bourbourg, *Recherches sur les ruines de Palenque et sur les origines de la civilisation maya.*

d'hommes qui ont voulu tromper ou qui avaient un grand penchant à croire au merveilleux.» Pour ce qui est des monuments de l'aire méso-américaine, ce ne sont pour lui que de pauvres et maigres ruines dont les vestiges ne suffisent pas à «faire voir qu'il y a eu autrefois quelque édifice dans ces endroits».

Stephens et Catherwood, en concevant leur expédition au Yucatán, vont donc à contre-courant de l'opinion des «antiquaires» de leur temps. On peut supposer que Stephens a choisi Catherwood en raison de ses dons de dessinateur. Au cas où les voyageurs découvriraient les monuments signalés par les pionniers, il fallait en fixer l'image par le dessin. Les reproductions devaient servir de preuves devant le monde savant. Mesurant les difficultés qu'il allait affronter, Stephens, avant d'entreprendre son expédition, avait réussi à se faire nommer chargé d'affaires des États-Unis en Amérique Centrale. Après le départ de la puissance coloniale espagnole, les habitants de ces régions se déchiraient férocement pour tenter d'établir des pouvoirs locaux aussi peu efficaces qu'éphémères. Les guerres ou guérillas permanentes n'effaçaient pas les structures coloniales. Il semblait improbable que s'y installent des institutions durables et des régimes démocratiques. À son retour d'Amérique, Humboldt avait déjà souligné avec regret ce qu'il appelait «le manque de sociabilité des habitants de l'empire espagnol d'Amérique», qui, ajoutait-il, «rendait inhabitables les plus merveilleuses contrées de la terre».

Stephens et Catherwood vont donc s'aventurer dans un territoire dangereux. Embarqués en 1839, ils font escale à Belize, possession britannique. Ils arrivent ensuite sur la côte atlantique du Guatemala, pénètrent à l'intérieur du pays par le lac d'Izabal. Parvenus à Izabal, ils commencent leur expédition vers l'intérieur, en direction de l'ancienne cité de Copán, au sud des monts Mico qu'il fallait escalader et traverser.

Vase polychrome
à 3 pieds.
Céramique.
Période Post-classique.
Petén.

«L'ascension — écrit Stephens — commença à pic par un extraordinaire couloir, un étroit défilé creusé par les sabots des mules et le ruissellement des torrents de montagne. Il était si encaissé que les parois étaient plus hautes que nos têtes et si étroit que nous pouvions tout juste passer sans les toucher. Notre caravane au complet s'avança en file indienne dans ce défilé boueux. Les muletiers étaient répartis sur la longueur et au dessus du remblai, dégageant les mules quand elles s'enlisaient, les relevant quand elles tombaient, les faisant avancer à coups de fouet, arrangeant leurs charges, jurant et criant ; si l'une des mules s'arrêtait, toutes étaient bloquées derrière dans l'impossibilité de tourner. Tout départ subit nous comprimait contre les parois du défilé avec grand risque de froissement de jambe.»

Une fois achevée cette traversée difficile, les deux voyageurs se heurtent à l'hostilité xénophobe des populations. Au village de Copán, ils doivent négocier avec un alcade alcoolique, violent et vindicatif à qui ils arrachent, après de nombreux marchandages, l'autorisation de se rendre sur les lieux des ruines. Le guide indien conduit les deux voyageurs, à travers la forêt, de l'autre côté du fleuve Copán. Après avoir taillé leur chemin à la machette, les voilà enfin au milieu de l'antique cité maya de Copán. Leur émerveillement est à son comble : «de hautes colonnes de pierre se trouvaient dispersées sur le sol de la jungle, les unes dressées verticalement, d'autres renversées ou brisées, leur surface profondément gravée de figures sculptées aux formes humaines et animales avec ce qui

PAGE DE DROITE
Hiéroglyphes du Temple des Inscriptions dessinés par Waldeck. L'un des glyphes a été «interprété» comme représentant une tête d'éléphant.

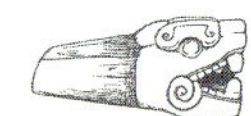

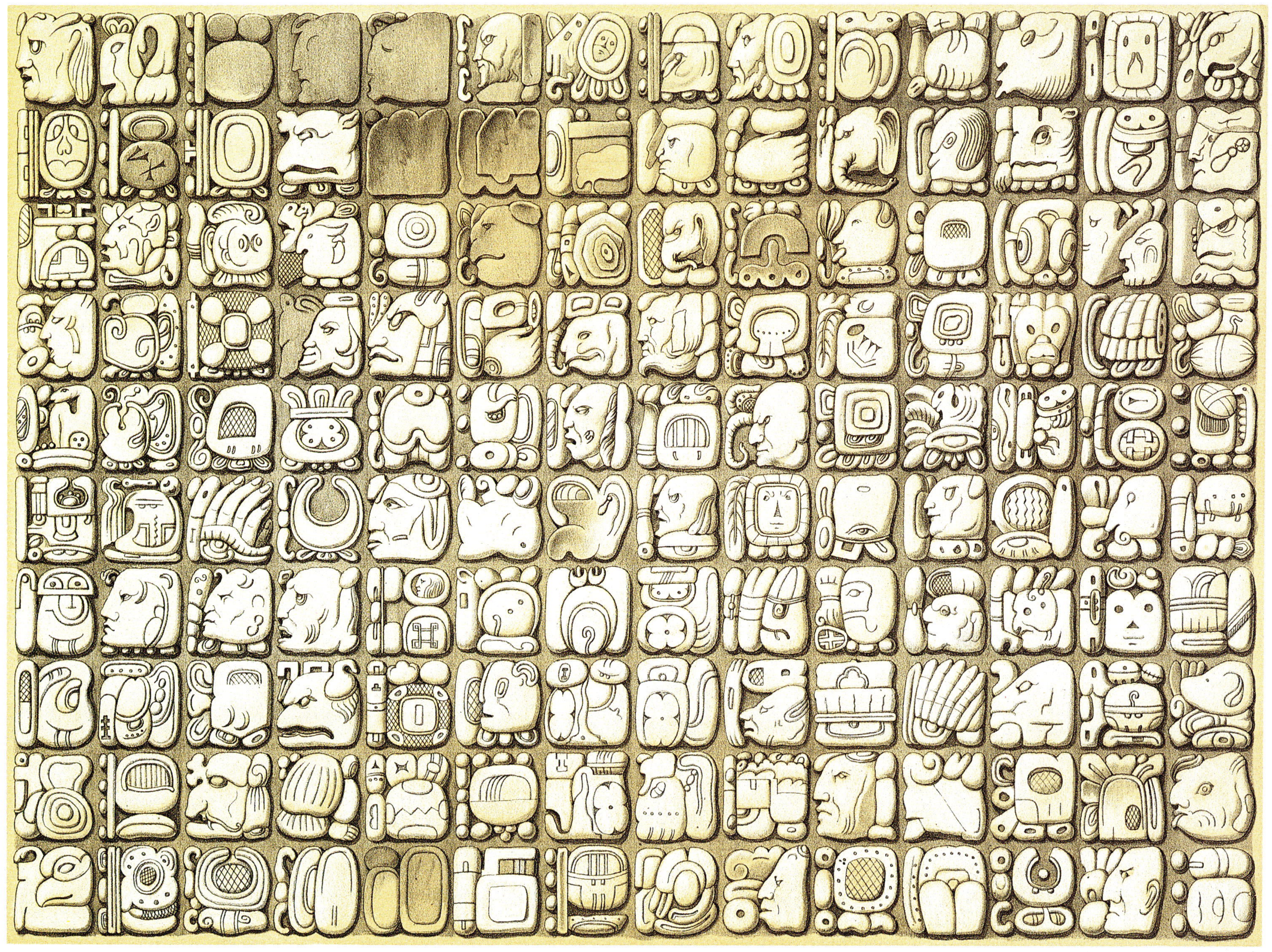

paraissait être des inscriptions. D'énormes autels de pierre couverts d'effigies sculptées de personnages aux riches costumes et de masques d'animaux gisaient à leurs pieds à moitié enterrés dans le sol. Des édifices en forme de pyramides s'élevaient à travers les cimes des arbres, à peine visibles sous l'épais manteau de végétation de la jungle qui les enveloppait. Il était évident que la cité mystérieuse n'avait pas seulement été une agglomération de dimensions considérables, mais aussi le théâtre de réalisations du passé jusque-là complètement ignorées. Sa découverte était d'une importance monumentale ! Le premier coup d'œil de Stephens sur les ruines ne lui permit guère de douter de l'effondrement absolu de la doctrine académique en cours, qui s'était obstinément refusée à rompre avec la conviction que l'Indien d'Amérique ne s'était jamais élevé au-dessus de la barbarie»[5].

Stupéfiés par cette découverte, les deux explorateurs décident de dégager les principaux monuments de la végétation et des broussailles qui les recouvrent. Ils engagent une troupe de terrassiers indigènes, chargés d'extraire de la jungle la cité submergée : «la cité est abandonnée — écrit Stephens — pas un survivant de cette race ne rôde dans ses ruines avec des traditions transmises de père en fils et de génération en génération. Elle se trouve devant nous comme, au milieu de l'océan, une épave de voilier aux mâts arrachés, au nom effacé, à l'équipage disparu ; personne pour indiquer sa provenance, son propriétaire, la durée de son voyage ou la cause de sa destruction, avec ses matelots disparus dont on ne retracera l'origine que par quelques similitudes de détail dans la construction du navire et que peut-être jamais on ne connaîtra... Tout est mystère, obscur et impénétrable mystère... Il est impossible de décrire l'intérêt avec lequel j'explorais ces ruines... À un moment donné, nous nous sommes arrêtés pour couper des branches et des plantes grimpantes qui cachaient la façade d'un monument... dont un angle sculpté sortait de terre. Je me penchais avec une anxiété fiévreuse, tandis que les indiens travaillaient, et un œil, une oreille, un pied ou une main furent exhumés ; et quand la machette résonna contre la pierre ciselée, j'écartai les indiens et je déblayai la terre meuble de mes mains. La beauté de la sculpture, le calme solennel des bois, uniquement troublé par les bousculades des singes et le caquetage des perroquets, l'abandon de la cité et le mystère qui planait au-dessus, tout cela suscitait la curiosité la plus grande que j'aie jamais éprouvée parmi les ruines du Vieux Monde».

PAGE DE DROITE
Détail du
«panneau du Palais»
Palenque.

Stephens et Catherwood se mettent donc à l'ouvrage. Il fallait à la fois exhumer, reconstituer, relever les pierres ou les blocs dispersés, enfouis, brisés. Les explorateurs tentèrent aussi de dresser le plan général de la ville qui se présentait comme une acropole en terrasse s'étendant sur plus de cinq hectares. Stephens remarque surtout, sur un grand nombre de pierres sculptées la présence de signes dont il comprend qu'ils sont en fait une écriture. Ce sont les fameux hiéroglyphes mayas grâce auxquels l'on pourra identifier plus tard d'autres monuments portant les mêmes signes. Les pyramides, les temples, les édifices, l'imposante disposition architecturale, laissent penser à Stephens que Copán avait dû être un centre cérémoniel ou religieux plutôt qu'une métropole commerciale ou artisanale. Mais ce qui devait l'étonner le plus c'était la disparition totale des descendants des bâtisseurs de Copán.

«Quelles étaient les populations qui construisirent cette cité ? — se demande Stephens — Dans les villes

5. Extraits de *Les Mayas, la découverte d'une civilisation perdue*. Paris. Payot 1961 (p 46-47) par C. Gallenkamp, directeur du Mayan Research Fund, conseiller du directeur d'Anthropologie de Museum d'Histoire Naturelle de Houston (USA) — a été professeur de l'Université de Santa Fe.

Vue du Temple du Soleil
à Palenque.

en ruines d'Égypte, même dans Pétra si longtemps oubliée, l'étranger connaît l'histoire des populations dont il trouve des traces autour de lui. L'Amérique, disent les historiens, fut peuplée de sauvages, mais des sauvages ne construisirent jamais ces édifices, des sauvages ne gravèrent jamais ces pierres... Architecture, sculpture et peinture, tous les arts qui embellissent la vie, ont fleuri dans cette forêt envahissante ; orateurs, guerriers et hommes d'état, beauté, ambition et gloire ont vécu et disparu, et personne ne sait qu'il y eut de telles choses ou ne peut parler de leur existence passée...»

C'est au milieu de toutes ces merveilles, alors que les deux voyageurs travaillaient d'arrache-pied dans les ruines que l'irascible alcade revient à la charge et prétend interrompre leurs fouilles. Stephens se met alors en rapport avec le propriétaire de la forêt où gisent les ruines et achète 2 400 hectares pour la somme de cinquante dollars.

Après avoir travaillé quelques semaines à Copán, Stephens et Catherwood décident de se rendre à Palenque. En mars 1840, ils partent vers le nord, franchissent, toujours à pied, plusieurs centaines de kilomètres et arrivent à nouveau face à un ensemble architectural magnifique.

«Par une échappée dans les arbres, nous vîmes la façade d'un grand bâtiment curieux et élégant, richement orné de figures de stuc sur les pilastres, avec des arbres qui poussaient tout contre et dont les branches entraient dans les portes ; comme effet, comme style, c'était unique, extraordinaire et d'une beauté mélancolique.»

C'est dans ce Grand Palais de Palenque que les explorateurs vont installer leur campement. Contrairement à ce qu'ils avaient trouvé à Copán, ici les édifices étaient encore intacts. Dans ce bâtiment massif doté de nombreuses chambres, Catherwood reproduit quelques fresques encore visibles. Stephens se rend compte aussitôt que le site de Palenque est aussi considérable, sinon plus, que celui de Copán. Il ne tarde pas à découvrir un autre palais, connu par la suite sous le nom de Temple des Inscriptions. Les explorateurs notent également qu'un grand nombre de stèles portent des hiéroglyphes semblables à ceux qu'ils ont déjà observés à Copán : «Il y a lieu de croire — écrit Stephens — que la totalité de ce pays était autrefois occupée par la même race, parlant la même langue ou tout au moins ayant les mêmes caractères d'écriture».

Stephens, devant les preuves évidentes de la réalité d'une civilisation précolombienne avancée, se pose alors la question fondamentale, restée sans réponse absolument certaine, celle de l'origine des peuples indiens de l'Amérique et notamment de cette partie, Yucatán et Amérique Centrale. Après quelques semaines de séjour à Palenque, les voyageurs sont obligés d'abandonner leurs investigations en raison des moustiques, des serpents, des scorpions et des tarentules, très nombreux dans les ruines. Ils quittent Palenque pour rejoindre la côte du golfe du Mexique par le fleuve Usumacinta et se rendre dans un autre site, à Uxmal, non loin de Mérida, capitale du Yucatán, état de la Confédération Mexicaine. Là, ils trouvent encore matière à s'extasier et à travailler, des pyramides, des palais (Palais du Gouverneur, Quadrilatère des Nonnes).

Guerrier.
Détail d'un vase peint.
Période Classique.

Catherwood, atteint par une crise aiguë de malaria, est contraint d'abandonner. Les deux hommes retournent à New York en juillet 1840 et Stephens s'empresse de publier ses *Incidents of Travel in Central America, Chiapas and Yucatán* (1841). Le livre produit un effet sensationnel. Ce qui ne devait pas empêcher les deux compagnons de repartir au Yucatán. Là, ils achèvent les études interrompues à Uxmal puis se rendent sur d'autres sites : Kabah et Labna.

En 1842, on les retrouve à Chichén Itzá, qui est sans doute le site architectural le plus expressif et le mieux conservé de tous les sites mayas. Ils y restent quelques semaines et n'abandonnent les lieux qu'à la suite d'une rechute de santé de Catherwood.

Vase de la tombe 116.
Tikal.

Bol polychrome avec couvercle.
Petén.

Helach (grand seigneur maya).
Céramique de Jaina.
Période Classique.

À gauche, figurine de Jaina .
Période Classique, récent.

Fresques de Bonampak.

Ainsi se termine l'équipée de Stephens et Catherwood dans l'aire maya. C'est à eux que revient le mérite principal d'avoir révélé la civilisation maya avec ses monuments, ses sculptures, ses stèles, ses fresques, son écriture.

Grâce à cette expédition mémorable, les études sur l'aire maya vont prendre un essor décisif. À partir de 1857, Désiré Charnay visite les cités et ruines de Mitla, Palenque, Izamal, Chichén Itzá et Uxmal. Il en rapporte des photographies et des gravures fort précieuses. Quelques années plus tard, sur le site de Chichén Itzá, Earl H. Morris, Sylvanus Morley et d'autres archéologues de l'Institut Carnegie contribuent à la restauration du Temple des Guerriers et à la découverte d'objets d'art magnifiques. Puis c'est E.H. Thompson qui, en près de cinquante ans de recherches, à partir de 1885, apporte des lumières nouvelles sur l'art et la civilisation mayas. C'est lui notamment qui a l'idée de faire draguer les eaux des *cenotes* (sorte de trous d'eau) où les anciens mayas avaient l'habitude de précipiter des captifs ou des enfants, ainsi que des objets précieux pour les offrir aux dieux. C'est ainsi qu'une grande quantité d'objets d'art en cuivre ou en or a pu être récupérée.

En 1946, on découvre à Bonampak, non loin de Yaxchilan, un ensemble unique de fresques sur couche de stuc de trois à quatre centimètres de large, qui remontent à l'an 790 de notre ère. Elles représentent le seigneur du lieu, des femmes, des enfants, des serviteurs, des musiciens, des captifs, etc. Les couleurs en sont très belles et sont restées étonnamment fraîches. Parmi l'une des plus importantes découvertes récentes, il faut aussi mentionner celle, très originale, de l'archéologue mexicain Alberto Ruz Lhuillier. Au cours d'une campagne de fouilles organisée par le gouvernement mexicain à Palenque, (1949-1958), cet archéologue après avoir dégagé le Temple des Inscriptions (en forme de pyramide) de sa gangue de terre, de décombres et de végétation tropicale, découvre dans la crypte souterraine du monument un énorme sarcophage en pierre sculptée où gisent les restes d'un seigneur maya, au milieu d'objets d'art laissés là en offrande (15 juin 1952). C'est la première fois que l'on mettait au jour une tombe à l'intérieur d'une pyramide américaine.

Dans les années 1958-59, une équipe de l'Université de Tulane (USA), travaille avec succès dans la région de Dzibilchaltun, près de Mérida. D'autres groupes, à Tikal, à Kaminaljuyú ont continué leurs recherches, sous l'égide du Peabody Museum de Harvard.

Mais les mystères de la civilisation maya sont bien loin d'être tous résolus. Tout récemment, dans une zone éloignée de l'aire maya, à Cacaxtla, près de Tlaxcala, sur le plateau central mexicain, on a mis au jour dans une pyramide récemment dégagée, des fresques mayas. Ce qui confirmerait l'hypothèse, non encore pleinement confirmée, d'anciennes relations entre l'aire toltèque méso-américaine et l'aire maya purement yucatèque.

Les magnifiques et expressives lithographies de Catherwood sont là pour nous rappeler le courage et l'intrépidité des deux savants qui ont redonné à l'humanité une partie de l'héritage culturel qu'elle avait provisoirement perdue.

Tête en stuc.
Palenque.

Page de droite
Masque mortuaire en mosaïque de jade,
coquillage et obsidienne.
Tombe du Temple des Inscriptions
Palenque.

Le «beau relief» de Palenque.
Dessin de Waldeck.
Brasseur de Bourbourg,
Recherches sur les ruines de Palenque et sur les origines de la civilisation maya.

L'AIRE MAYA

PAR PASCAL MONGNE

Les civilisations précolombiennes du sud du Mexique et du nord de l'Amérique Centrale, malgré leur diversité et la variété des environnements qui les ont vues éclore, appartiennent toutes en fait à une seule et même aire culturelle : la Méso-Amérique.

Cette Méso-Amérique, définie tardivement en 1943 par l'archéologue américain Paul Kirchhoff, enjambe hardiment les frontières politiques actuelles et couvre la moitié méridionale de la république du Mexique, ainsi que les états modernes du Guatemala, du Belize, du Salvador et du Honduras. Certains chercheurs y incluent même les marches occidentales du Nicaragua.

Ce vaste territoire, d'une surface quatre fois supérieure à celle de la France, et qui s'étend sur 2 500 kilomètres est animé par un relief extrêmement diversifié. Dans la moitié occidentale (proprement mexicaine) : sierras, plateaux, vallées étroites, canyons se succèdent sans relâche, favorisant ainsi une mosaïque de climats et de paysages. La Méso-Amérique occidentale est le siège des civilisations Aztèque, Zapotèque, Mixtèque, Teotihuacan, pour ne citer que les plus célèbres. La Méso-Amérique orientale, en revanche (si l'on excepte les montagnes du Guatemala) est la zone des basses terres et des forêts tropicales.
C'est aussi le pays des Mayas actuels, dont les ancêtres élaborèrent une des plus complexes civilisations de notre monde.

La civilisation maya est apparue dans les forêts tropicales du Petén au cœur du Guatemala, quelques siècles avant la naissance du Christ. Elle connut son apogée durant le premier millénaire de notre ère (période Classique) et brillera en bien des domaines : urbanisme, architecture, sculpture, arts mineurs, écriture et mathématiques. Cependant, au cours du IXe siècle, les cités prestigieuses et rivales du monde maya seront abandonnées brutalement et définitivement. Ce phénomène qui avait déja frappé l'ensemble de la Méso-Amérique pendant le siècle précédent est encore mal connu. Il ne sonnera pas cependant le glas de la civilisation maya. Dans la péninsule du Yucatán, au nord, le flambeau sera repris (période Postclassique) et de très importantes cités se développeront jusqu'à la conquête espagnole.

Quelques cités mayas visitées par Stephens et Catherwood

 COPÁN

Blottie au fond de la vallée du Río Copán, affluent du Motagua, l'un des grands fleuves de la zone maya, Copán est la plus orientale des grandes cités mayas. Elle se trouve en territoire hondurien, à quelques kilomètres de la frontière guatémaltèque, dans une zone tropicale, riche et fertile. Les ruines de Copán sont situées à quelques kilomètres du village actuel auquel elles doivent leur nom.

Apparue au début de notre ère, Copán restera longtemps repliée sur elle-même, ne recevant que peu d'influences étrangères, jusqu'au VIIIe siècle. Alors la cité connaîtra son apogée. Celle-ci sera brève : un siècle environ, mais laissera d'impressionnantes ruines aujourd'hui mondialement connues.

Copán, comme la plupart des sites mayas, a développé un urbanisme complexe par lequel acropoles, larges places, cours et patios privés, murets et plates-formes, allées, palais, temples et pyramides s'imbriquent étroitement, donnant à l'ensemble une surprenante impression de labyrinthe et de secret. Cependant – et c'est le cas de Copán – il s'agit là d'un urbanisme réfléchi, probablement dès les origines de la cité, et modelé par les souverains successifs qui laissèrent par leur remaniements architecturaux l'empreinte de leur puissance.

Avec «Soleil-Levant», ultime et seizième prince de Copán, la cité connaîtra une activité architecturale et cérémonielle sans précédent:l'impressionnante Acropole et sa Grand-place, véritable cœur de la cité tel que nous le connaissons aujourd'hui furent réaménagées sous son règne.

Reconstitution de l'Acropole et de la Grand-place de Copán.
Dessin de Tatiana Proskouriakoff.

Reconstitution du terrain de jeu
de pelote à Copán.
Aquarelle de Tatiana Proskouriakoff.

Reconstitution
d'un escalier couvert
de hiéroglyphes
à Copán.
*Aquarelle de Tatiana
Proskouriakoff.*

PALENQUE

Située sur les marches occidentales du monde maya, en bordure de la plaine côtière du Tabasco, Palenque est en fait perchée sur les premiers contreforts de la Sierra de Chiapas, au Mexique. Comme c'est le cas pour la plupart des sites mayas de la période Classique, Palenque a su utiliser la géographie particulière des lieux et aménager un imposant système de terrasses étagées. Sur celles-là, palais, temples et pyramides, cours et places s'ordonnent et se répondent, en une association étroite de la monumentalité et du relief naturel. Les ruines actuellement visibles que l'on peut voir de très loin depuis la plaine, s'étendent sur plus de trois kilomètres d'est en ouest, le long du piémont. Cependant, de nombreux monticules et structures, encore enfouis dans la jungle sur plusieurs kilomètres autour du centre cérémoniel, attestent de l'importance que la cité dut connaître lors de sa splendeur. À l'instar de Copán, Palenque connut son apogée à la fin de la période classique, durant les VIIe et VIIIe siècles.

Reconstitution du Temple de la Croix
à Palenque.

Aquarelle de Tatiana Proskouriakoff.

Reconstitution d'une partie
du site d'Uxmal.
Dessin de Tatiana Proskouriakoff.

UXMAL

Situé dans le nord-ouest du Yucatán, Uxmal est probablement le plus important site archéologique de la péninsule, en tous les cas, le plus spectaculaire et le plus grandiose. Les conquistadors qui découvrirent la cité – alors abandonnée depuis plusieurs siècles – en baptisèrent les principaux édifices. Cela explique les dénominations parfois surprenantes que l'on trouve un peu partout dans la région : Couvent, Prison, Nonnes, Castillo, etc. Le secteur archéologique aujourd'hui restauré et visible couvre environ mille mètres du nord au sud. Mais la cité s'étendait bien au-delà comme en témoignent les nombreuses structures encore enfouies dans le maquis tout autour des ruines principales. Les recherches archéologiques dans la péninsule du Yucatán sont encore peu développées. Aussi, nos connaissances sur Uxmal, ainsi que sur les autres cités de la région sont-elles encore fragmentaires. Uxmal connut très probablement son apogée entre le VIIIe et le Xe siècle de notre ère. Le site est en fait célèbre pour les frises ornant les façades de ses palais et temples.

KABAH

À quelques vingt kilomètres au sud-est de Uxmal se trouvent les ruines de Kabah. Très peu étudié, ni même complètement dégagé, le site est encore de nos jours fort mal connu. Des fouilles entreprises récemment devraient bientôt nous apporter des informations non négligeables. Aucun plan ne semble avoir régi l'édification de cette cité, dont les ruines visibles s'étendent sur plus de six cents mètres de part et d'autre de la route moderne qui les traverse. Contemporain de Uxmal, Kabah est aussi un bel exemple de l'architecture *Puuc*.

LABNA

Petite cité localisée à quelques kilomètres au sud-est de Kabah, Labna est célèbre pour son arche, la plus élaborée du Yucatán. Aucune étude d'envergure n'ayant été menée à Labna, le site est encore mal connu, exception faite des principaux édifices (dont l'arche). Selon certains spécialistes, Labna pourrait être datée de la phase finale de la période Classique, et donc de peu antérieure à Uxmal et Kabah.

PAGE DE DROITE
Reconstitution de l'arche de Labna.
Dessin de Tatiana Proskouriakoff.

Reconstitution des palais de Kabah.
Aquarelle de Tatiana Proskouriakoff.

CHICHÉN ITZÁ

Chichén Itzá («Le puits de la tribu Itzá») est très certainement le plus célèbre de tous les sites archéologiques mexicains. Sa pyramide principale, le «Castillo» est devenue auprès du grand public le symbole architectural de l'art précolombien. Comme Uxmal et bien d'autre sites du Yucatán, Chichén Itzá fut visité par les conquistadors qui baptisèrent les principaux édifices, puis exploré par tous les grands voyageurs qui depuis le début du XIXe siècle arpentèrent la région. Catherwood ne manquera pas, bien sûr, de brosser quelques belles vues des monuments du site.

Situé dans le nord du Yucatán, dans la zone la plus plane de la péninsule, entre Mérida, la capitale actuelle, et Valladolid, Chichén Itzá étend ses ruines sur deux kilomètres du nord au sud. Si les édifices les plus anciens semblent datés de la fin de la période classique, la cité connaîtra son plein développement entre le Xe et le XIIe siècle.

Reconstitution d'une partie du site de Chichén Itzá.
Aquarelle de Tatiana Proskouriakoff.

Le site...

TULUM

Cité tardive, occupée peut-être à l'époque de la conquête espagnole, Tulum est située sur la côte est du Yucatán, perchée sur la falaise qui surplombe la mer des Caraïbes. Les ruines aujourd'hui visibles sont encore cernées d'une muraille. Celle-là délimite ainsi une zone quadrangulaire d'environ quatre cents mètres du nord au sud, correspondant au centre cérémoniel et politique, autour duquel la cité devait s'étendre.

IZAMAL

Située à mi-chemin entre Mérida et Valladolid, Izamal est caractérisée par ses gigantesques plates-formes aménagées pour supporter les temples précortésiens. Après la Conquête, la cité fut occupée par les Espagnols qui la remanièrent presqu'entièrement. Des restes imposants subsistent néanmoins mais ils ont été jusqu'à présent peu étudiés.

... et les ruines de Tulum.

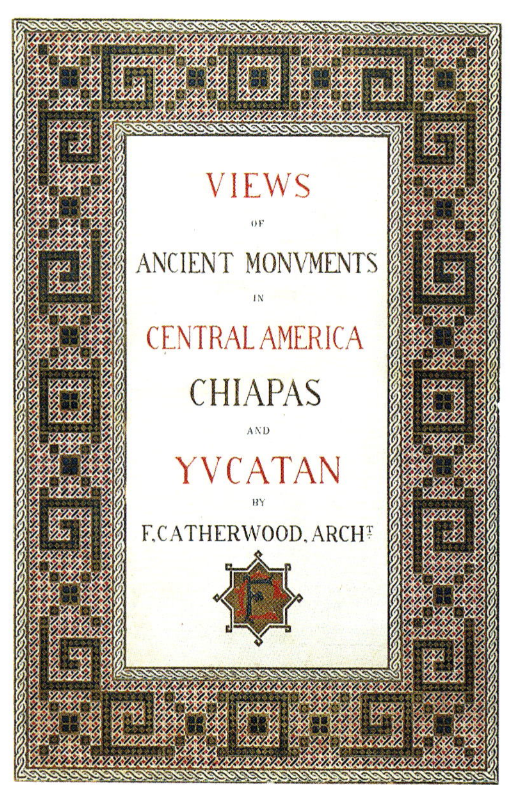
VIEWS
OF
ANCIENT MONVMENTS
IN
CENTRAL AMERICA
CHIAPAS
AND
YVCATAN
BY
F. CATHERWOOD, ARCHT

Vues des anciens monuments d'Amérique centrale, de Chiapas et du Yucatan

Frederick Catherwood

Commentaires par Pascal Mongne

I

COPÁN

Stèle H

La renommée de Copán ne réside pas seulement dans son architecture mais surtout par ses nombreux autels et stèles de tuf. Plus d'une cinquantaine, encore entiers et en place peuvent être comptés sur l'Acropole et la Grand-place qui la jouxte au nord. Le culte des stèles est ancien à Copán; cependant, jusqu'au début du VIIe siècle, toutes les stèles érigées à la gloire des souverains avaient été brisées et jetées bas par leurs successeurs. De cette époque, bien peu nous sont parvenues.

C'est au début du VIIIe siècle, avec l'avènement de «Fumée-Jaguar» et surtout de son héritier «Dix-huit-Lapin» respectivement 12e et 13e princes de Copán que les stèles désormais seront respectées par les générations suivantes.

Véritables sculptures en ronde-bosse, au décor foisonnant et baroque, elles représentent des souverains associés à leurs attributs et accompagnés de divinités tutélaires. Les côtés et les dos de ces monuments sont habituellement couverts d'inscriptions glyphiques de nature religieuse et généalogique.

Ce n'est pas un hasard si Catherwood a placé en toute première place la stèle H. Il s'agit en effet du plus spectaculaire et du mieux conservé des monuments votifs de Copán. Érigée en 730, cette stèle est la seule représentant une femme (princesse de Copán ? mère d'un souverain ? prince travesti selon certaines sources ?). La qualité du dessin de Catherwood permet d'apprécier à leur juste valeur les décors et les proportions de ce monument de trois mètres soixante-cinq de hauteur.

À l'instar des autres stèles de la période d'apogée copanèque, on note la disproportion du visage surmontant un corps massif émergeant presque complètement de son support. Lequel est couvert de motifs cosmiques et rituels. L'ensemble est heureusement équilibré par l'imposante coiffe de plumes, sur laquelle est broché le masque du Soleil nocturne. Avatar du Soleil de jour, il voyage durant la nuit dans les enfers pour réapparaître chaque matin. Il est donc toujours représenté sous la forme d'un visage monstrueux et décharné. Ce masque est de nouveau visible sur le pan axial qui orne la jupe, à la hauteur de la ceinture. Comme sur les autres stèles, le personnage, figé dans une attitude cérémonielle, présente ou simplement maintient horizontalement, au creux de ses bras, le fameux sceptre-serpent bicéphale, symbole du pouvoir.

II

COPÁN

La Grand-place vers l'ouest, stèle et autel n°4

Alors que les illustrations d'objets isolés sont d'une fidélité remarquable, les vues d'ensemble laissées par notre dessinateur pèchent souvent par la déformation des distances et des proportions. Sans trop de difficultés, Catherwood pouvait reproduire les monuments de petite taille ou des détails architecturaux grâce à sa chambre claire, ou à partir de daguerréotypes réalisés sur place; il en était tout autrement des vues d'ensemble, presque toujours noyées dans une végétation extrêmement dense, empêchant toute visibilité au-delà d'une quinzaine de mètres. Chaque vue nécessitait donc l'abattage des arbres et des plantes qui masquaient les monuments, long et fastidieux travail qui pouvait demander plusieurs jours. Il est d'autre part certain que les deux explorateurs ne disposaient pas d'instruments de topométrie – mais de simples chaînes d'arpenteur. Dans ces conditions il devenait presque impossible de réaliser des vues précises de sites souvent essaimés sur un relief montagneux. On ne peut donc s'étonner de l'inexactitude – voire de la distorsion – des panoramas, que fort honnêtement, Catherwood reconnaît avoir «corrigés».

Si l'on reconnaît parfaitement les fragments de la stèle et l'autel ovoïde du premier plan – encerclé d'une corde – symbole probable du sacrifice (autel et stèle n°4), il est en revanche malaisé d'identifier la structure pyramidale représentée en arrière-plan. Il pourrait s'agir du contrefort occidental de la Grand-place «restauré» par les soins du dessinateur.

III

COPÁN

Dos de la stèle F

Il est particulièrement intéressant de comparer les planches III, IV et V et de considérer l'approche que Catherwood a eue de ces monuments. Le premier dut probablement séduire notre dessinateur qui le représente – fort exactement d'ailleurs – sous un éclairage diffus et doux, perçant l'épaisse forêt tropicale. L'image est rassurante, comme l'est l'interprétation que le dessinateur donne du monument : «...cette statue, au contraire est si gracieuse et plaisante qu'il y a tout lieu de supposer qu'en lieu et place de sacrifices humains, seuls des fruits et des fleurs lui étaient offerts en présents...».

À «l'abri» de la stèle, d'ailleurs, deux hommes discutent et se reposent. Il s'agit de deux paysans vêtus de la tenue des *peones* du sud mexicain et d'Amérique Centrale : chemise et culotte amples et blanches. Celle-ci a de nos jours totalement disparue au profit de vêtements occidentaux modernes, passés de mode dans les grandes villes et rachetés à bas prix. Aujourd'hui, seules les femmes dans les communautés reculées portent encore les costumes traditionnels.

L'un des deux hommes semble pétrir des boules de pâte de maïs : il prépare donc pour l'équipe des *macheteros* (défricheurs armés de leur petit sabre) le repas quotidien. Il s'agit du *pozole*, sorte de bouillie de maïs mêlée à l'eau.

La «longue draperie de plumes», pour reprendre l'expression de l'historien d'art Herbert Spinden, couronnant les cinq groupes de glyphes, est en fait le dos de la stèle F, datée de 721. Sur la face principale, non visible ici, est sculpté un dignitaire dans une attitude et avec les attributs traditionnels.

IV

COPÁN

Stèle C, du prince «Soleil-Levant»

Combien différente est en revanche la planche IV. Sous un ciel d'orage, zébré par l'éclair, probablement de nuit, une biche apeurée traverse en bondissant le marécage formé par les pluies tropicales. Au premier plan, un monument brisé gît dans l'eau. Il s'agit de la stèle C, l'une des dernières érigées à Copán, en 782.

En chargeant cette planche d'une émotion dramatique – d'ailleurs parfaitement authentique : le monument mutilé gisait effectivement dans cette position, et les orages tropicaux sont très violents dans ces régions – Catherwood, sans le vouloir, réalisait une synthèse surprenante de l'agonie de la cité. La stèle C était dédiée au fameux «Soleil-Levant», dernier roi de Copán. Durant son règne, la cité devait connaître son apogée avant d'être abandonnée à la jungle.

Sur la droite, en retrait, nous pouvons apercevoir l'autel associé à la stèle, mutilé lui aussi. Il s'agit d'une tortue gigantesque, dont seules les pattes peuvent être distinguées.

V

COPÁN

Stèle D et son autel

La mélancolie voire l'inquiétude qui transparaissent dans le paysage de tempête de la planche précédente ne sont en fait que prémonitoires de la planche V. Pour l'illustration de l'ultime gravure concernant Copán, Catherwood donna alors la pleine mesure de son talent et réalisa ainsi la plus spectaculaire de ses vues.

À l'extrême nord de la Grand-place, au pied de l'escalier menant au temple n°2, se dressent la stèle D et son fantastique autel. Probablement très impressionné par cette sculpture et par les rites supposés qu'il y associait, Catherwood exprima une intensité dramatique digne des romans gothiques qui fleurissaient alors en Angleterre, ou des tortures mentales propres aux visions d'un William Blake : végétation sombre encadrant la scène; escalier perdu dans les vapeurs de chaleur et d'humidité et qui mène on ne sait où; lueur inquiétante éclairant en contre-plongée le visage du dignitaire; et puis bien sûr, au premier plan, le masque squelettique et monstrueux, brutalement aspergé d'une lumière crue, presque artificielle.

Érigé en 736, l'autel de la stèle D est l'un des plus anciens exemples d'autels sculptés en ronde-bosse de Copán. Il s'agit ici d'un monstre mythique bicéphale dont seule la tête décharnée est visible (aspect chtonien de la divinité, peut-être du Soleil). L'autre tête (vivante) fait face à la stèle et n'est donc pas visible sur cette planche.

VI

PALENQUE
Vue générale

Orientée vers l'ouest, cette vue d'ensemble réunit les deux principales réalisations architecturales de Palenque : le «Palais» à gauche, et le «Temple des Inscriptions» au centre.

Construit sur une plate-forme artificielle d'environ cent mètres sur soixante-dix, et cerné par un escalier monumental, l'ensemble appelé «Palais» fut probablement le pôle géographique et politique de la cité. Dominées par une curieuse tour que l'on aperçoit sur la planche, les ruines du palais ne semble obéir à aucun plan d'ensemble : galeries, chambres, cours et patios se mêlent et s'articulent sans ordre apparent et sont en fait le résultat de plus de cent ans de remaniements.

Le temple dit des «Inscriptions», en référence aux très imposants panneaux couverts de glyphes que l'on trouve à l'intérieur, et la pyramide qui le supporte furent probablement érigés par le premier souverain de l'ultime dynastie de Palenque : *Pacal* («Bouclier-Jaguar»), pendant le VIIe siècle. Stephens et Catherwood lorsqu'ils visitèrent le temple, ignoraient que sous la pyramide, le prince, mort en 684, gisait dans son tombeau. Celui-ci sera découvert en 1952 par l'archéologue mexicain Alberto Ruz-Lhuillier, qui patiemment, durant plusieurs mois dégagea les marches du tunnel qui y menaient.

Au fond, couronnée de nuages, se dresse une imposante colline. Elle est cependant mal placée et devrait se trouver derrière la pyramide du «Temple des Inscriptions». Comme il le fit à plusieurs reprises pour les panoramas, Catherwood «truqua» : il n'hésita pas ici à déplacer la montagne afin de rendre plus spectaculaire encore l'impression de domination de la *sierra* sur la cité, qui effectivement saisit le visiteur.

VII

PALENQUE

Le Palais

Le «Palais» réunit tous les principes artistiques, iconographiques et architecturaux qui ont été développés à Palenque et qui lui sont propres. Citons, parmi les plus connus : l'emploi généralisé du stuc, sorte de plâtre modelé et appliqué sur les murs. Le «Palais» et bien d'autres édifices étaient ainsi couverts de motifs modelés en bas-relief puis peints de couleurs vives. Les artisans et les architectes de Palenque en firent leur matériau d'élection. Frises, piliers, murs, aujourd'hui encore, malgré les destructions provoquées par le climat tropical et les siècles, portent les restes de ces décors stuqués.

La façade de la galerie A, illustrée sur la planche supérieure, en offre de beaux exemples. Celle-ci ferme un patio surbaissé, que les deux voyageurs firent dégager en partie d'une végétation dévorante, afin de pouvoir admirer les neuf dalles sculptées bordant l'escalier central. Elles représentent très probablement des captifs de haut rang (si l'on en juge par leurs attributs et leurs ornements) faisant leur soumission.

Les édifices mayas de l'époque Classique, temples et palais étaient couverts grâce au système de la «fausse voûte» ou voûte en encorbellement. Il consiste à superposer – en surplomb – chaque rang de dalle de couverture afin que ceux-là finissent par se rejoindre, une seule rangée de pierre pouvant fermer le tout. La «fausse voûte», renforcée par un ciment épais était d'une extrême solidité mais n'autorisait qu'une portée réduite. Salles et galeries mayas de l'époque Classique étaient donc toujours étroites et longues. Catherwood, architecte de formation, en avait compris le principe et d'ailleurs l'illustre sur la planche inférieure. Il s'agit de la seconde voûte de l'enfilade. En revanche, il commit une erreur sur la structure du premier plan qu'il transforma en voûte européenne avec ses claveaux : principe inconnu en Amérique avant la Conquête. Nous sommes ici peut-être en présence d'une ouverture dont le linteau a disparu, entraînant dans sa chute les pierres qu'il soutenait. Notons enfin sur les montants les cavités occupées par une colonnette. Ces éléments ne sont pas rares dans l'architecture maya et Catherwood, fin observateur, ne les ignora point. Selon les spécialistes, ils pouvaient être utilisés pour maintenir des cordes soutenant des tentures. Celles-ci isolaient alors les chambres de l'extérieur.

VIII

UXMAL

Vue générale, vers le nord

Péninsule calcaire, sans relief et sans eau, le Yucatán est couvert d'une végétation arbustive, sèche et très dense. Il s'agit d'un véritable maquis, composé essentiellement d'épineux, au sein duquel la progression est lente et la visibilité réduite à quelques mètres. Serpents à sonnette, mygales et scorpions se disputent la forêt et les ruines.

Malgré un environnement hostile, le Yucatán a vu l'éclosion d'importantes cités mayas, parmi les plus belles de toute la Méso-Amérique. L'une d'elles, Uxmal permit à Catherwood de réaliser deux vues d'ensemble (planches VIII et XIII). À la différence de celle proposée pour Palenque, l'architecte-dessinateur-voyageur ne «truqua» point ou plutôt n'en eut pas la nécessité. Il faut en effet reconnaître que la végétation arbustive, de faible hauteur, et l'absence presque complète de relief dans la région opposaient peu d'obstacle à la vue pour qui pouvait se placer en hauteur.

Juché sur la plate-forme du «Palais du Gouverneur», situé dans la partie sud du site, Catherwood réalisa donc une première vue, orientée vers le nord. Celle-ci nous donne une très juste idée de la sévérité des lieux et des conditions éprouvantes dans lesquelles les deux explorateurs et leur équipe travaillaient : canicule, absence totale d'eau et isolement complet (les plus proches habitations : une petite hacienda, se trouvant à plusieurs kilomètres vers le nord).

En contrebas, sur la gauche, nous apercevons un petit édifice d'une sobre architecture : il s'agit de la «Maison des Tortues», appelée ainsi en référence aux bas-reliefs animant les frises (invisibles ici).

Au fond, sur la droite, on distingue la masse imposante de la «Pyramide du Devin», dégagée de sa végétation. Elle domine non seulement la cité mais la région toute entière. Avec ses trente-cinq mètres de hauteur, la «Pyramide du Devin» est en effet l'édifice précolombien le plus élevé du Yucatán. Plusieurs fois remaniée, la Pyramide est couronnée de deux temples d'époques différentes que l'on aperçoit. Catherwood en fit l'escalade afin d'en dessiner les façades.

Au centre de cette vue, figure la réalisation la plus spectaculaire d'Uxmal : le «Quadrilatère des Nonnes». Ainsi baptisé par les Espagnols au XVIe siècle, il fut très certainement la zone palatiale – ou l'une des zones palatiales – de la cité. Il regroupe autour d'une vaste cour (de quarante-cinq mètres sur soixante-cinq) quatre corps de bâtiments érigés sur des terrasses et abrite plus de quatre-vingts pièces. Chaque façade – tournée vers la cour – est justement célèbre par ses frises ornées dans le plus pur style *Puuc*.

Enfin, au premier plan, des *peones* réquisitionnés pour l'occasion, achèvent le nettoyage du lieu. Catherwood, friand d'anecdotes, n'hésita jamais à placer dans ses illustrations de telles saynètes.

IX

UXMAL

Quadrilatère des Nonnes, façade de l'édifice ouest

Uxmal est l'exemple majeur d'un style architectural propre au Yucatán : le style *Puuc*, du nom d'une chaîne de collines traversant la péninsule à cet endroit. Le style *Puuc* s'est répandu dans un certain nombre de cités yucatèques dont Kabah et Labna, également visitées et dessinées par Catherwood. Presque tous les bâtiments d'Uxmal en présentent les caractères.

La façade de style *Puuc* est en fait la superposition de deux horizontalités : le registre inférieur, constitué d'excellentes pierres de parement dressées, n'est qu'une surface nue et sans décor, rythmée seulement par les ouvertures donnant accès au bâtiment; en revanche, le registre supérieur – correspondant en fait au remplissage du toit – est une gigantesque frise de mosaïques de pierres où se mêlent et s'ordonnent motifs géométriques, masques monstrueux, serpents et divinités... Tout le génie et le savoir-faire des architectes, des artistes et des tailleurs de pierres yucatèques sont ici réunis.

La façade ouest du «Quadrilatère des Nonnes» atteint dans sa longueur plus de cinquante mètres et offre le décor le plus complexe d'Uxmal : sur un fond de treillages et de grecques placés en quinconce, circulent les corps enlacés de serpents emplumés. Au droit des portes, des masques de *Chac* superposés alternent avec des représentations de huttes et de niches souvent vides (non visibles ici). Parfois, sans que l'on comprenne leur fonction et leur rythme, des statues sont brochées sur la frise.

L'état de destruction avancée de la façade nous permet d'observer, grâce à l'œil exercé de Catherwood, la technique utilisée par les architectes mayas d'Uxmal. Cette façade (comme toutes les façades du style *Puuc*) est en fait un parement, véritable mosaïque de pierre couvrant le blocage : le pan de droite effondré, laisse ainsi apparaître le remplissage de la voûte couvrant l'édifice dans son axe.

X

UXMAL

Quadrilatère des Nonnes, façade de l'édifice nord

Sur la façade du bâtiment nord grecques et treillages recouvrant la frise sont interrompus au droit des portes, soit par des huttes coiffées de sceptres-serpents bicéphales, et parfois brochées de petites sculptures en ronde bosse (à gauche); soit par les traditionnels empilages de masques de *Chac,* débordant largement le bord supérieur de la frise (à droite). Huttes et masques sont couronnés d'une représentation inhabituelle en zone maya : il s'agit du masque de *Tlaloc*, reconnaissable à ses yeux cerclés, équivalent mexicain du dieu maya *Chac*.

L'une des faiblesses de l'architecture maya résidait dans ses ouvertures : les linteaux, trop fragiles – fussent-ils en bois ou en pierre – ne résistaient pas aux poussées énormes des façades. Catherwood a parfaitement illustré la menace qui pèse sur l'ouverture de droite : la chute prochaine des poutres de bois devant entraîner l'affaiblissement inévitable de la façade et peut-être son effondrement. À plusieurs reprises, les explorateurs visitant le Yucatán noteront le délabrement des ruines, provoqué par le temps mais aussi par les villageois des alentours à la recherche de matériaux de construction.

On ne peut passer sous silence le très pittoresque spectacle qui se déroule au pied de la façade : parents, amis, jeunes filles, enfants en bas-âge, chiens, tous sont ici représentés et animent une scène familiale. Encore une fois, dans son désir de réunir sur une seule vue des personnages et actions épars, emporté par l'inspiration romantique et bucolique, Catherwood fut amené une fois encore à «truquer» : ici, les vêtements féminins. La tenue traditionnelle des femmes indiennes yucatèques est le *huipil* (sorte de tunique droite et ample), de couleur blanche, bordé de motifs floraux et géométriques brodés et polychromes. Les deux jeunes filles au premier plan, apparemment ne sont pas yucatèques : celle de gauche, poitrine nue, semble issue de l'imagination de notre dessinateur, à moins qu'elle ne soit originaire de l'isthme de Tehuantepec; celle de droite portant le *quechquemitl* (carré de tissu percé au centre) serait native des montagnes du Chiapas ou du Guatemala. Peut-être de lointaines cousines en visite ?

XI

UXMAL

Temple ouest de la Pyramide du Devin

La «Pyramide du Devin», aussi appelée «Pyramide du Magicien» ou encore «Maison du Nain» selon les mythes locaux, est le résultat de cinq remaniements successifs. Ces derniers expliquent la dissymétrie de cette structure et l'emplacement de ses deux temples (et de leur escalier respectif), l'un orienté à l'ouest, l'autre couronnant la Pyramide.

Le temple ouest (en fait ouvert vers l'ouest) appartient à l'avant-dernière phase de construction. Il fut construit dans un style antérieur au style *Puuc* (et dont le style *Puuc* est issu) : le style *Chenes*. Ce dernier est caractérisé par les ouvertures des temples représentant la gueule grande ouverte d'un monstre : au dessus du linteau, figurant la machoire supérieure et les crocs, nous pouvons distinguer les yeux crénelés de la divinité; le seuil sur lequel se tiennent les quatre personnages et le chien symbolisant la machoire inférieure béante. Il s'agit très certainement de *Chac*, le dieu des phénomènes atmosphériques (pluie, tempêtes, orages, foudre), équivalent maya du fameux *Tlaloc* aztèque. On conçoit aisément l'importance que cette divinité pouvait revêtir dans une région aussi aride que le Yucatán. *Chac* est reconnaissable à ses yeux crénelés et surtout à son spectaculaire nez «en trompe». Très fréquent sur les frises des temples et des palais au Yucatán, il est bien entendu omniprésent sur cet édifice : on distingue aisément les masques du dieu bordant les deux angles de l'entrée du temple.

XII

UXMAL

Temple supérieur de la Pyramide du Devin

Le temple représenté ici correspond à l'ultime remaniement de la «Pyramide du Devin». Il couronne l'édifice et surplombe le temple ouest. Le temple supérieur dispose de deux façades : l'une tournée vers l'est et accessible par un gigantesque escalier qui, du sol et d'une seule traite y conduit; l'autre, tournée vers l'ouest et illustrée ici. Son ouverture débouche sur le toit du temple ouest présenté sur la planche précédente : les quatre personnages qui discutent et se reposent sont d'ailleurs placés sur le toit de ce dernier.

À l'instar de la plupart des façades décorées d'Uxmal, on reconnaît les inévitables frises de *Chac*, de grecques et de treillages, traitées ici de différentes manières. Notons enfin l'éboulement du parement surplombant l'entrée, dû certainement à la chute du linteau qui le soutenait. Par la suite, le délabrement de la façade devait entraîner la perte du masque immédiatement à gauche de l'entrée. Sachons néanmoins que depuis maintenant un demi-siècle, les principaux sites mayas sont entretenus et restaurés.

XIII

UXMAL

Vue générale vers le sud

La seconde vue d'ensemble d'Uxmal fut réalisée depuis le porche du «Quadrilatère des Nonnes». Elle nous permet d'embrasser toute la partie méridionale de la cité.

Nous pouvons distinguer au premier plan et au centre le terrain de jeu de balle. La plupart des sites de Méso-Amérique possèdent une ou plusieurs de ces structures. Il s'agit le plus souvent (et c'est le cas ici) de deux monticules placés parallèlement et délimitant ainsi une aire de jeu. À l'intérieur de celle-là, un spectacle particulier se déroulait, auquel les conquistadors assistèrent sans toutefois le comprendre : deux équipes s'affrontant et se renvoyant une balle de caoutchouc. Ce jeu avait bien entendu une valeur religieuse importante; le sacrifice humain d'un ou des participants terminant souvent la partie. La structure, orientée nord-sud à Uxmal, est malheureusement peu visible ici.

Au fond et à droite, deux imposantes pyramides peuvent être distinguées : elles sont précédées d'une bien curieuse structure crénelée, le «Colombier». Il s'agit de la «crête faîtière» d'un édifice. Bon nombre de palais et temples mayas en sont surmontées. Elles couronnent les toits sous la forme d'un «rideau» de pierres ouvragées, «aérant» ainsi les parties sommitales – souvent massives – des édifices mayas. L'aspect particulier de celle-ci – alvéolée – est bien entendu à l'origine de son nom.

Enfin, à mi-chemin entre le «Colombier» et le terrain de jeu de balle, se trouve une gigantesque esplanade d'une quinzaine de mètres de hauteur, prolongée sur plus de cent quatre-vingts mètres vers le sud. Cette esplanade supporte la «Maison des Tortues» – que nous distinguons au centre de la planche – mais aussi et surtout le «Palais du Gouverneur», lui-même édifié sur sa propre plate-forme. C'est de cette dernière que Catherwood réalisa sa première vue d'ensemble du site. De ce «Palais du Gouverneur», orienté nord-sud, nous ne distinguons ici que le pignon nord. Il est regrettable que le dessinateur n'ait pas illustré dans son recueil la façade principale du palais, véritable chef-d'œuvre du style *Puuc*.

XIV

UXMAL

Arche du Palais du Gouverneur

Le «Palais du Gouverneur» est constitué de trois corps de bâtiments placés longitudinalement et atteignant une longueur de presque cent mètres. Le corps principal est réuni aux corps latéraux par deux arches qui furent par la suite comblées. L'une d'elles est illustrée ici et montre clairement le principe de la voûte en encorbellement utilisée chez les Mayas.

Signalons au premier plan une chasse au *cascabel* (serpent à sonnette), au «pittoresque» de laquelle notre dessinateur n'a pu résister.

XV

UXMAL

Frise centrale du Palais du Gouverneur

La façade du «Palais du Gouverneur» est une spectaculaire association de grecques scalaires et de treillages placés en quinconce, entre lesquels circule une longue file de masques monstrueux du dieu *Chac*. La porte principale du palais est située au centre du bâtiment central. Elle est couronnée par un curieux trône en arc de cercle sur lequel se tenait probablement un dignitaire coiffé d'un énorme panache de plumes (disparu ou détruit depuis longtemps). Derrière cet ensemble, apparaissent les sceptres-serpents bicéphales horizontaux, de longueur décroissante et dont les gueules sont parfois encore visibles. Ces sceptres-serpents, que nous avons déjà remarqués sur les stèles de Copán (planche I), jouaient très probablement un rôle lié au pouvoir; leur association au trône, au dessus de la porte principale du palais n'est certainement pas fortuite.

XVI

KABAH

Vue générale

Réalisée depuis les hauteurs occidentales de la cité, cette planche est une vue d'ensemble – vers l'est – fort exacte semble-t-il, exception faite des proportions exagérées de la pyramide centrale (sur la droite). Au pied de celle-ci, perdue dans la végétation, se trouve une arche isolée. Les structures de ce type ne sont pas rares en zone maya; elles bornent généralement des *sacbés,* chaussées reliant entre-eux les quartiers d'une même cité ou des cités entre-elles. La fonction exacte de ces *sacbés* n'est pas connue. Dans une société sans animaux de trait, ni véhicule, où tout transport était assuré à dos d'homme, de telles chaussées étaient économiquement inutiles. Il est fort probable qu'elles avaient une fonction cérémonielle. Depuis l'arche de Kabah, un *sacbé* rejoignait Uxmal, quelques vingt kilomètres au nord-ouest.

Au fond, sur la droite, on peut distinguer la zone des palais dont le fameux «Codz-Pop» est le joyau.

La scène qui se déroule au premier plan n'est cette fois pas issue de l'inspiration romantique de son auteur, si ce n'est la jeune fille relaçant sa sandale. Elle est authentique et relate le transport d'un linteau de bois sculpté, que des deux explorateurs venaient de retirer d'un édifice en ruine à quelque distance de là : le *Dzalkabilkik* («les mains de sang»), ainsi dénommé pour les empreintes rouges de mains d'enfants, trouvées en grand nombre sur les parois du bâtiment.

Stephens relate ainsi la découverte: «... Les portes étaient obstruées de terre et de décombres, M. Catherwood a dû franchir la porte la plus proche de l'escalier, bouchée jusqu'à trois pieds de son linteau, en rampant sur le dos, pour prendre les dimensions intérieures d'une pièce. Une fois dans la pièce, un linteau gravé attira son attention; après l'avoir examiné, il jura que cet objet était le plus intéressant que nous ayons trouvés au Yucatán. Je le vis le jour suivant et décidai aussitôt, qu'à n'importe quel prix, je l'emmènerais dans mon pays...».

Exposé l'année suivante à New York, dans un «panorama», le linteau devait malheureusement disparaître dans l' incendie de la salle de spectacle, avec plusieurs autres objets rapportés de l'expédition.

XVII

LE CODZ-POP

Vue intérieure

Littéralement «natte roulée» (la natte sur laquelle les dignitaires siégeaient était aussi un emblème du pouvoir), le «Codz-Pop» est l'édifice le plus spectaculaire de la cité de Kabah. Il est situé dans la partie centrale du site, dans la zone des palais. Aujourd'hui restaurée, sa façade est entièrement «tapissée» de masques de *Chac*, sur plus de quarante mètres de longueur. Il est regrettable que l'état du bâtiment, lors du passage du Catherwood, ne lui ait pas permis de reproduire ici cette mosaïque impressionnante. Cependant, le voyageur-architecte-dessinateur nous a laissé une vue intérieure du palais.

Le jour entrant par l'ouverture de façade éclaire l'escalier donnant accès à la chambre du fond. Il s'agit encore du masque de *Chac*, son nez recourbé fait alors fonction de marche. Les yeux crénelés et les ornements d'oreille stylisés sont visibles de chaque côté. Il faut noter la qualité et l'exactitude de l'éclairage rendu par le dessinateur. Le palais est en effet tourné vers l'ouest. Catherwood dut probablement assister au spectacle des derniers rayons du soleil entrant dans la chambre et frappant le masque : avec un grand talent, il sut en restituer l'atmosphère teintée bien entendu d'une mélancolie toute romantique.

Mais celle-là n'est pas outrée. La nuit tombe vite sous ces latitudes et le soir qui passe si rapidement semble faire revivre une nature écrasée par le soleil. La faune, invisible durant la journée réapparaît. Le silence, absolu et impressionnant de la canicule fait alors place à mille bruissements. L'air semble lui-même se réveiller : l'immobilité surchauffée laissant la place à une faible brise. Mais bien vite l'obscurité vient, et le Yucatán pour quelques heures prendra le masque de la nuit.

XVIII
LE PUITS DE SABACHTSCHÉ

Immense plateau calcaire, le Yucatán est comme nous l'avons signalé, totalement dépourvu de sources et de rivières. Il subit donc une sécheresse permanente rompue par la très courte et très brutale saison des pluies (de juin à septembre). L'eau cependant existe, en profondeur, et circule dans d'interminables réseaux souterrains qui, semble-t-il, sillonnent une bonne partie de la péninsule.

Cette eau est bien entendu très difficilement accessible. Aussi, dès le début de leur installation, les groupes humains qui se sont succédés, puis les sociétés organisées et urbaines ont-elles fait du ravitaillement en eau leur objectif principal. En fonction de leur organisation politique, de leur besoin et de la nature du sol, les Mayas ont répondu à cette question en imaginant des réponses variées et ingénieuses : *sartenejas* (petites dépressions naturelles recueillant l'eau de pluie), *cenotes*, grottes et *chultuns*.

Création précortésienne, le *chultun* est une citerne creusée dans le roc au centre des cours et des patios. Il affecte la forme d'une bouteille pansue de plusieurs mètres de diamètre. Les parois étaient tapissées de mortier afin de contenir l'eau recueillie depuis les toits et les terrasses. Remplis à ras-bord après la saison des pluies, les *chultuns* permettaient aux populations de résister à la sécheresse. Les *chultuns* sont essentiellement rencontrés dans la région *Puuc* (Yucatán Central).

Apporté par les Européens, le puits maçonné, aujourd'hui encore joue un rôle important dans la vie des communautés indiennes (qu'elles soient mayas ou non). Source d'eau pure placée souvent au cœur du village, le puits est par excellence le lieu de rencontre et de discussion, le centre de la vie sociale féminine, là où femmes et filles plusieurs fois par jour, viennent puiser l'eau mais aussi échanger les nouvelles. Chacune apporte sa propre corde, ses propres récipients et son propre seau; elle attend son tour en conversant avec ses compagnes, puis remplit ses cruches avant de laisser la place à la suivante. Ce véritable rituel, immuable, existait depuis longtemps quand Stephens et Catherwood y assistèrent. Il n'a pas changé – du moins dans les communautés isolées – et de nos jours encore, l'ethnographe décrit le même spectacle.

XIX
LE GOUFFRE DE BOLONCHEN

Durant l'histoire géologique de la région, les voûtes des réseaux souterrains se sont parfois affaissées et ont alors formé de spectaculaires gouffres à ciel ouvert. Ces paradis pour spéléologues sont particulièrement nombreux dans le nord de la péninsule. Les gouffres «ouverts» au Yucatán sont appelés *cenotes* et ont très tôt attiré les hommes qui les utilisèrent comme sources inépuisables d'eau et en firent des lieux sacrés. Si les périodes précolombiennes ont vu l'implantation de nombreux sites autour de ces *cenotes* (Chichén Itzá en possède deux), la période coloniale suivit la tradition : Valladolid, jolie ville du nord-est de la pénisule, est établie sur plusieurs d'entre-eux.

Mais les *cenotes* n'apparaissent pas partout au Yucatán. Ailleurs, on utilise les grottes. C'est le cas de la région de Bolonchen, petit village situé à trente kilomètres au sud de Uxmal. Chaque année, au plus fort de la saison sèche, alors que puits et citernes étaient à sec, la population se rendait dans la grotte voisine afin d'y puiser l'eau nécessaire à sa survie. Relié au réseau hydrographique souterrain, le gouffre de Bolonchen est en fait constitué de plusieurs grottes gigantesques que la communauté avait aménagées. Dans l'une d'elles, un spectaculaire escalier de rondins de bois avait été édifié. L'échafaudage, moisi par l'humidité permanente en de maints endroits et fort dangereux (Catherwood faillit se rompre le cou en le descendant), stupéfia notre voyageur qui nous en laissa un dessin fidèle. Bolonchen, aujourd'hui alimenté en eau, n'utilise plus l'escalier. Celui-ci a d'ailleurs disparu depuis longtemps, rendant ainsi la grotte au silence et à l'obscurité.

Souvent d'accès périlleux, entourées de crainte et de mystère, les grottes revêtaient une grande importance pour les civilisations de la Méso-Amérique. Bouches de la Terre-mère, entrées naturelles du monde souterrain et des enfers, ces grottes ont toujours été liées aux grands mythes. Lieux très anciens de cultes, associées à la nuit, aux félins et à l'eau, elles abritent encore de nos jours, dans certaines régions reculées, des rites que cinq siècles de christianisation n'ont pu effacer.

XX
L'ARCHE DE LABNA

Labna est célèbre pour son arche. Comme nous l'avons vu plus haut, les structures de ce type ne sont pas rares : il s'agit soit d'arcs associés à des chaussées et souvent assimilés (par leur ressemblance avec leurs équivalents européens) à des portes monumentales ou triomphales marquant les points importants de la cité; soit des passages voûtés donnant accès à des ensembles résidentiels. L'arche de Labna présenterait cette dernière fonction : elle marque en effet l'entrée d'une cour dont nous distinguons à droite et à gauche les édifices la cernant.

Exception faite des masques de *Chac,* sur la gauche, bien trop caricaturés, cette vue respecte admirablement les proportions et les détails des constructions : remarquons tout particulièrement les huttes en trompe-l'œil de chaque côté de la voûte, principe décoratif fréquemment utilisé dans les sites du sud du Yucatán.

Mais au-delà des qualités scientifiques du dessin, nous notons le réalisme de la scène qui se déroule tout autour de l'arche. Toute ou presque toute l'expédition est ici illustrée : les indispensables *macheteros*, qui dégagent les ruines de leur gangue de végétation; les guides, souvent choisis parmi les hommes de confiance et envoyés par les propriétaires des lieux; les porteurs et cuisiniers, au premier plan. Tout ce petit monde s'affaire ou paresse dans une molle et tropicale excitation.

XXI

CHICHÉN ITZÁ

Palais des Nonnes

Chichén Itzá a connu plusieurs phases d'occupation, échelonnées du sud pour les plus anciennes, vers le nord pour les plus récentes. Cette évolution semble avoir conditionné son apparent manque d'unité architecturale et urbaine.

La partie la plus ancienne, au sud : *Chichén viejo*, aujourd'hui presque complètement ruinée, pourrait être antérieure au VIIIe siècle. Elle semble avoir été délaissée au profit de la zone centrale, plus récente (VIIIe-Xe siècles) et aujourd'hui connue pour son architecture de style *Puuc*.

L'exemple le plus caractéristique de ce secteur est le «Palais des Nonnes» dont Catherwood a illustré l'aile est. Si la frise supérieure est semblable à celles que l'on rencontre à Uxmal (mosaïques, grecques, masques de *Chac*, dignitaire sculpté au dessus de la porte), en revanche le registre inférieur n'est pas nu mais entièrement décoré de masques de *Chac*. L'ouverture figure la gueule grande ouverte d'un monstre, dont on aperçoit les crocs au dessus du linteau. Ce décor est très proche de celui du temple ouest de la «Pyramide du Devin» à Uxmal (planche XI). Comme lui, il trahit une très nette résurgence du style *Chenes* (pourtant plus méridional et ancien) qui pourrait nous autoriser à dater cette façade du VIIIe ou IXe siècle.

XXII

CHICHÉN ITZÁ

Le Castillo

À partir du Xe siècle, le Yucatán septentrionnal est occupé par une population étrangère, probablement mexicaine. Si l'on en croit les traditions, ceux que l'on a coutume d'appeler les Toltèques, peuple mythique, étaient guidés par *Quetzalcoatl* («Serpent-Plume précieuse»), créateur des arts et de la civilisation, à la fois roi, prêtre et dieu, chassé de son propre royaume. Les Toltèques et leur chef – qui devient en maya *Kukulkan* – conquièrent Chichén Itzá et s'établissent dans la partie nord de la cité, apportant de grandes transformations architecturales et iconographiques. Le «Castillo» est une de leurs réalisations.

Érigé sur une pyramide de base carrée et d'une trentaine de mètres de hauteur, composée de neuf degrés, le «Castillo» était accessible par quatre escaliers de quatre-vingt-onze marches chacun, orientés aux quatre points cardinaux. Le nombre de marches plus l'ultime gradin autorisant l'accès au temple donnait un total de 365, soit le nombre de jours de l'année solaire.

La gigantesque gueule de serpent, au premier plan, appartient à l'une des rampes bordant l'escalier principal que l'on aperçoit sur la pyramide. Chaque rampe symbolisait le corps d'un énorme serpent qui semblait descendre du temple et dont la tête reposait sur le sol. La fréquence des représentations de serpents sur le «Castillo» et que les fouilles et restaurations ont pu mettre à jour (piliers de la porte nord du temple, bas-reliefs sur les neufs degrés de la pyramide) autorisent certains chercheurs à attribuer ce sanctuaire au dieu *Kukulkan* lui-même.

Alors qu'il dessinait le monument, et réalisait là une de ses plus belles vues d'archéologie romantique et exotique, Catherwood ne pouvait soupçonner que celui-là renfermait un temple-pyramide de plus petite taille. Il ne sera découvert que cent ans plus tard.

XXIII

TULUM

Le Castillo

Au début du XIIIe siècle, la civilisation toltéco-maya de Chichén Itzá s'écroulait sous les assauts de nouveaux venus. Ceux-là s'installaient dans le nord du Yucatán et y régnaient en maîtres pendant deux cents ans. Les Itzas (qui donnaient leur nom à la cité qu'ils venaient de conquérir), choisissaient Mayapán comme capitale, à quelques lieues de Uxmal. Au milieu du XVe siècle, ils étaient à leur tour chassés par une révolte générale et les cités du Yucatán reprenaient alors leur autonomie.

C'est donc un Yucatán écartelé par des seigneuries indépendantes et rivales que découvrirent et soumirent les conquistadors espagnols; parmi celles-là, très probablement Tulum. Bien que l'on ne soit pas certain qu'il fût habité lors de la Conquête, c'est en tous les cas un site très récent, postérieur au XIIe siècle.

Le centre cérémoniel de cette petite cité est organisé autour du «Castillo», dont Catherwood nous a laissé une vue. Il s'agit d'un édifice surélevé, tournant le dos à la mer, auquel on accède par un escalier large et raide et flanqué de deux ailes, chacune composée d'un rez-de-chaussée et d'un étage. La façade du temple supérieur était orné de frises stucquées et peintes - dont il reste encore de beaux éléments. Deux colonnes serpentiformes, semblables à celles du «Castillo» de Chichén-Itzá élargissent l'entrée du temple.

À l'intérieur du temple supérieur, Stephens et Catherwood découvrirent des traces récentes de foyer et de copal (résine issue d'arbres tropicaux, dont la combustion produit une fumée épaisse et un parfum très fort). Le copal dont l'utilisation rituelle est très ancienne, est de nos jours encore employé dans les cérémonies du culte catholique. Cependant, la découverte de ces traces dans un lieu isolé et jadis sacré laisse aisément supposer que plusieurs siècles après la Conquête, des rites indigènes y avaient survécu discrètement.

XXIV

TULUM

Temple au sud de la place centrale

En dégageant le «Castillo», Stephens et Catherwood furent amenés à découvrir, en face de ce dernier, à environ soixante-dix mètres, un second temple, jusqu'alors masqué par l'épaisse végétation. Comme pour Copán, Catherwood a su rendre avec réalisme la puissance de la forêt tropicale, qui en quelques mois pouvait envahir, étouffer, voire disloquer les constructions les plus solides. Notons tout particulièrement les racines gigantesques enserrant l'aile droite du «Castillo», ou bien encore les troncs que l'on aperçoit à l'intérieur du temple méridional, sans toit depuis fort longtemps.

Les deux planches montrent d'ailleurs l'énorme travail de dégagement nécessaire, mettant en scène les *macheteros* en plein travail et leurs compagnons tirant et déplaçant troncs et ramées, peinant parmi les souches et les arbres abattus. Enfin, ne manquons pas de signaler les deux personnages, vêtus à l'européenne, mesurant la façade de cet édifice. Il n'est pas impossible que la chaîne d'arpenteur soit ici entre les mains de nos deux voyageurs, apparaissant alors dans un décor qu'ils avaient décrit et dessiné si souvent.

XXV
MASQUE D'IZAMAL

Comme ce fut le cas à Mexico, à Mérida, et dans bien d'autres lieux de Méso-Amérique, les conquérants espagnols réutilisèrent les sanctuaires autochtones pour y édifier couvents et églises. Izamal est peut-être le cas le plus spectaculaire. Les gigantesques esplanades qui sont aujourd'hui cernées par la ville moderne furent couronnées par des édifices chrétiens. Certaines d'entre-elles ont pu conserver longtemps les vestiges de sites cérémoniels anciens. Beaucoup, malheureusement, ont disparu. C'est probablement le cas de ce masque. Malgré la qualité du dessin de l'architecte, il est malheureusement impossible d'identifier le personnage (peut-être une divinité). Le masque, probablement en stuc, était déjà en bien mauvais état lors du passage de Catherwood.

L'exemple d'Izamal met en relief la question de la destruction souvent irréversible des documents archéologiques, et par extension, des traces du passé. Bien des domaines de celui-ci sont menacés par la disparition et l'oubli : archéologie bien sûr, mais aussi ethnographie, arts populaires, musiques, coutumes, contes et légendes, paysages, vêtements, langues...

Les sciences historiques sont récentes et n'ont pu que très tardivement systématiser les recherches et organiser la protection du passé. C'est alors qu'on mesure l'immense intérêt des documents réunis – parfois au prix d'efforts gigantesques – par les précurseurs. Dessins, photographies, notes de terrain, récits de voyages, descriptions, tous, quels que soient leur qualité, leur origine et leur âge, sont aujourd'hui d'irremplaçables et souvent uniques témoignages d'originaux disparus. Malgré une recherche soutenue de l'exactitude, Catherwood ne pouvait s'empêcher de placer chaque ruine, chaque paysage au sein d'une mise en scène digne de son temps. L'ultime planche de son recueil est un modèle du genre : de nuit, baigné par un splendide clair de lune tropical, le masque de stuc devient le décor, mieux encore, le témoin d'une chasse au jaguar. Elle lui sera reprochée; les jaguars et les ocelots ne fréquentent pas le nord du Yucatán...

Bibliographie

Voyages archéologiques

Brasseur de Bourbourg abbé C.E., Waldeck F. de, *Recherches sur les ruines de Palenque*, Paris 1866.

Cabrera F de, del Río Antonio, Waldeck F. de, *Description of the ruins of an ancient city discovered near Palenque*, London, 1822.

Castañeda Paganini Ricardo, del Río Antonio, *La ruinas de Palenque*, Guatemala, 1846.

Catherwood Frederick, *Views of ancients monuments in Central America , Chiapas and Yucatán,* 1844.

Charnay Désiré, *Cités et ruines américaines,* Préface de Viollet-le-Duc, Paris, 1863. (Réédité sous le titre : *Le Mexique, 1858-1861. Souvenirs et impressions de voyage,* commentaires de P. Mongne, Paris, Ed. du Griot, 1987.)

Charnay Désiré, *Les anciennes villes du Nouveau Monde, Voyages d'explorations au Mexique et en Amérique Centrale*, Paris, Hachette, 1885.

Dupaix G., *Antiquités mexicaines. Relations de trois expéditions ordonnées en 1805, 1806 et 1807 pour la recherche des antiquités du pays notamment de Mitla et Palenque*, 2 tomes in folio, dessins de Castañeda, Paris 1834-36.

Friedrichstahl Emmanuel von, *Monuments du Yucatán* («Nouvelles annales des voyages», 1841).

Galindo Juan, *The ruins of Copán*, Transactions of the American Antiquarian Society, II, p.543-550, 1836.

Gordon G.B., *Prehistoric ruins of Copán*, A preliminary report of the explorations to the Peabody Museum, 1851-95, Cambridge, Harvard, 1896.

Holmes, W.H., *Archeological studies among the ancient cities of Mexico*, Chicago, Field Columbian Museum, 1895.

Humboldt Alexandre de, *Vues des cordillères et monuments des peuples indigènes de l'Amérique*, Paris, 1810. (Réédition : Ed. Espace Européen, La Garenne Colombes, 1989, préface Charles Minguet et Jean-Paul Duviols).

Kingsborough Lord E.K., *Antiquities of Mexico, comprising facsimilies of ancient mexican paintings and hieroglyphics*, London, R. Havell, 1831, H. Bohn, 1838. Ouvrage monumental comprenant 742 lithographies d'A. Aglio, dont 582 sont coloriées, 60 sont consacrées à un texte intitulé *Essay on the rites and customs of the Indian of New Spain.* On y trouve également la traduction anglaise du rapport de Dupaix.

Maler Teobert, *Explorations in the department of Petén*, Cambridge, Harvard, 1911.

Maudslay A.P., *Archeology, Biologia Centrali-Americana*, London 1889-1902.

Muñoz Juan B., *Expediente sobre el descubrimiento de una gran ciudad en la provincia de Chiapas*, 1786.

Río Antonio del, *Description of the ruins of an ancient city, discovered near Palenque, in the Kingdom of Guatemala in Spanish America... followed by Teatro Critico Americano, or a critical investigation and research into the history of the Americans*, by doctor Paul Felix Cabrera, 1822, frontispice et 16 planches lithographiées.

Stephens John Lloyd, *Incidents of travel in Central America, Chiapas and Yucatán*, New York, Harper, 1841 (illustrations de Frederick Catherwood). (Traduction française abrégée en deux volumes, Paris, Ed. Pygmalion, 1991-92, traduction de Philippe Babo.)

Stephens John Lloyd, *Incidents of travel in Yucatán*, illustrations de Frederick Catherwood, New York, Harper, 1843, 2 volumes.

Squier E.G., *Nicaragua : its people, scenery, monuments, an the proposed interoceanic Canal*, London, 1852.

Études

Anton Ferdinand, *Art of the Maya*, Thames and Hudson ltd, London, 1970.

Baudez Claude et Becquelin Pierre, *Les Mayas*, Paris Gallimard, 1984 (collection «L'Univers des formes»).

Baudez Claude et Picasso S., *Les cités perdues des Mayas*, Paris, Gallimard, 1987 (collection «Découvertes»).

Berlin Heinrich, *Signos y significados en las inscripciones mayas*, Instituto Nacional del Patrimonio Cultural de Guatemala, Guatemala.

Bernal Ignacio, *A history of mexican archaeology*, London-New York, Thames and Hudson, 1980.

Brasseur de Bourbourg abbé C.E., *Histoire des nations civilisées du Mexique et de l'Amérique Centrale durant les siècles antérieurs à Christophe Colomb*, 1857-59 (4 volumes). Brasseur de Bourbourg abbé C.E., Traduction française de Diego de Landa, *Relación de las cosas de Yucatán*, Paris, 1854.

Burnhouse Robert, *In search of the Maya*, Albuquerque, University of New Mexico Press, 1973.

Coe Michael D., *The Maya*, Penguin Books, Hardmondsworth, 1971. (Traduction française : *Les Mayas*, Paris, A. Colin, 1987.)

Coe Michael D., *Masterpieces of classic maya ceramics*, Princeton, The Art Museum, Princeton University, 1978.

Foncerrada de Molina M., *Estudios de cultura maya*, Mexico, 1962.

Gallenkamp C., *The riddle and discovery of a lost civilization*, New York, 1959. (Traduction française : *Les Mayas, la découverte d'une civilisation perdue*, Paris, Payot, 1961.)

Gann T.W.F., *Maya cities. A record of exploration and adventure in Middle America*, London, Duckworth, 1928.

Gann T.W.F. et Thompson J.E.S., *The history of the ancient Maya from the earliest time to the present day*, New York, Scribner, 1931.

Gendrop Paul., *Les Mayas*, Paris, P.U.F., 1985.

Graham I., *Archaeological exploration in El Petén, Guatemala*, New Orleans, 1967.

Haberland W., *Die Kulturen Meso und Zentralamerikas*, Francfort, 1969.

Hammond Norman, *Ancient Maya Civilization*, New Brunswick, Rutgers University Press, 1982.

Hunter C. Bruce, *A guide to ancient maya ruins*, University of Oklahoma Press, Norman, 1974.

Ivanoff Pierre, *Cités sacrées et tribus du Mexique*, Paris, 1968.

Ivanoff Pierre, *Découvertes chez les Mayas*, Paris, 1968.

Kelley David, *Deciphering the Maya script*, Austin and London, University of Texas Press, 1976.

Landa Diego de, *Relación de las cosas de Yucatán* (texte du XVIe siècle), Mexico, Porrúa, 1959.

Le Plongeon A., *Sacred mysteries among the Mayas anc Quiches, 1150 years ago. Their relation to the sacred mysteries of Egypt, Greece, Chaldea and India*, New York, 1886.

Lips E., (Éditeur), *Codex Dresdensis*, manuscrit maya conservé à la Bibliothèque de Saxe, Dresde, Berlin, 1962.

Lothrop S.K., *Tulum, an archaeological study of the east coast of Yucatán*, Carnegie Institution Publication n°335, Washington, 1924.

Morley Sylvanus G., *The ancient Maya*, Stanford, 1946.

Morley Sylvanus G., *La civilización maya*, F.C.E., Mexico, 1961.

Piña Cham R., *Bonampak*, Instituto National de Antropología e Historia, Mexico, 1961.

Proskouriakoff T., *An album of maya architecture*, Carnegie Institution, Washington, 1946.

Proskouriakoff T., *A study of classic maya sculpture*, C.I.W., Publication n°513, Washington, 1950.

Rivet Paul, *Cités Mayas*, Paris, Guillot, 1954.

Ruppert K., *Chichén Itzá. Architectural notes and plan*, C.I.W., Washington, 1952.

Ruz Lhuillier Alberto, *La civilización de los antiguos Mayas*, Instituto National de Antropología e Historia, Mexico, 1963.

Ruz Lhuillier Alberto, *El templo de las inscripciones,Palenque,* Mexico, INAH, 1973.

Ruz Lhuillier Alberto, *Costumbres funerarias de los antiguos mayas*, Seminario de cultura maya, Mexico, 1968.

Soustelle Jacques, *Les Mayas*, Paris, Flammarion, 1982.

Stierlin Henri, *Maya*, Fribourg, Office du livre, 1964.

Stierlin Henri, *L'art maya. Des Olmèques aux Mayas-Toltèques*, Paris, Seuil, 1981.

Stuart George and Gene, *The mysterious Maya*, Washington, National Geographic Society, 1977.

Thompson E.H., *People of the Serpent*, Boston, Houghton Mifflin, 1932.

Thompson E.H., *The rise and fall of maya civilization*, Norman University of Oklahoma, 1954. (Traduction française : *Grandeur et décadence de la civilisation maya*, Paris, Payot, 1955.)

Willey Gordon et Sabloff Jeremy, *A history of american archaeology*, London, Thames and Hudson, 1974.

CRÉDIT PHOTOGRAPHIQUE

Archives Bibliothèque de l'Image : 13, 42, 45, 47, 49, 51, 53, 55, 56, 57, 59, 61, 63, 65, 67, 69, 71, 72, 73, 75, 77, 79, 81, 83, 85, 87, 89, 90, 91, 93

Museum National d'Histoire Naturelle de Paris : 6, 10, 12, 14, 16, 19, 30

Dagli-Orti : 5, 11, 15, 18, 21, 22, 23, 24, 25, 26, 28, 29, 31, 39, 40

Peabody Museum : 32, 33, 34, 35, 36, 37, 38

Explorer : 41 haut R. Mattes, 41 bas M. Guillou

MAQUETTE
Marthe Lauffray

Secrétariat de rédaction
Marie Mulet

Achevé d'imprimer avril 1993